Paul Kegan

Festgabe zum Doctor-Jubilaum des Herrn Geheimeraths

und Professors Dr. Joseph von Held

Paul Kegan

Festgabe zum Doctor-Jubilaum des Herrn Geheimeraths
und Professors Dr. Joseph von Held

ISBN/EAN: 9783744658768

Hergestellt in Europa, USA, Kanada, Australien, Japan

Cover: Foto ©ninafisch / pixelio.de

Weitere Bücher finden Sie auf **www.hansebooks.com**

FEST-GABE

ZUM

DOCTOR-JUBILÄUM

DES

HERRN GEHEIMERATHS UND PROFESSORS

DR. JOSEPH VON HELD

VON DER

RECHTS- UND STAATSWISSENSCHAFTLICHEN FAKULTÄT

ZU

WÜRZBURG

ÜBERREICHT.

WÜRZBURG.

KÖNIGL. UNIVERSITÄTS-DRUCKEREI VON H. STÜRTZ.

1888

HERRN

JOSEPH von HELD

der Philosophie und beider Rechte Doctor,

öff. ord. Professor

des

allgemeinen sowie des gemeindeutschen und bayerischen Staatsrechts,
sodann der Rechtsphilosophie und des Völkerrechts

an der

Königlichen Universität Würzburg,

Königl. Bayerischem Geheimen Rath,

Ritter der kgl. Verdienstorden der bayerischen Krone und vom
hl. Michael, des bayerischen Militär-Verdienstordens I. Klasse, des
kgl. preussischen rothen Adlerordens III. Klasse, des kgl. schwedischen
Nordsternordens, Inhaber des eisernen Kreuzes II. Klasse am weissen
Bande, der Kriegsdenkmünze von 1870/71 für Nichtkombattanten
und des kgl. sächsischen Erinnerungskreuzes für die Jahre 1870 71

zu seinem

FÜNFZIGJÄHRIGEN DOCTORJUBILÄUM

am

26. Mai 1888.

Hochverehrter Herr Jubilar!

Unter den Vielen, die heute zur Feier der fünfzigsten Wiederkehr des Tages, an dem Sie mit dem Doctorhut geschmückt wurden, huldigend und glückwünschend sich Ihnen nahen, darf die unterzeichnete Fakultät auf die erste Stelle Anspruch erheben. Denn ihr gehören Sie an im vollsten Sinne. Nicht bloss, dass sie es ist, die Ihnen jene Würde verliehen: was sie Ihnen gewährt hat, haben Sie ihr reich vergolten. Kaum Jahresfrist trennt von diesem Tage den Beginn Ihrer akademischen Thätigkeit. Und während dieser langen Zeit haben Sie Ihre ganze hervorragende Kraft dieser einen Fakultät gewidmet und unermüdlich, mit regem Eifer, Schmerzen des Körpers und der Seele nicht achtend, Ihrem Berufe obgelegen, als Forscher wie als Lehrer gleich bewährt, milden, wohlwollenden Sinnes das kollegiale Leben fördernd, als höchstes Ziel das Gedeihen und die Blüthe der Fakultät erstrebend. Reich an Arbeit und Mühe ist diese Zeit gewesen, reich auch an Erfolg und Anerkennung; aber mehr als der Erfolg war Ihnen das Bewusstsein treuer Pflichterfüllung, und den besten Lohn tragen Sie im eigenen Innern.

Uns aber, die wir, zum Theile seit langen Jahren, mit Ihnen gemeinsam nach dem gleichen Ziele streben, gestatten Sie als Vorwort zu der Gabe, die wir Ihnen zum heutigen Tage darbieten, wie den Ausdruck des Dankes für Ihre gesegnete Wirksamkeit so den des Wunsches, dass es uns gegönnt sein möge, noch lange Jahre uns Ihrer bewährten Mitarbeit zu erfreuen.

Würzburg, den 26. Mai 1888.

Die rechts- und staatswissenschaftliche Fakultät
der Universität Würzburg.

K. v. Edel.   G. A. Wirsing.   K. v. Risch.

H. Burckhard.   L. Seuffert.   G. Schanz.   E. Mayer.

INHALT.

ZUR FRAGE

DER

RECHTLICHEN KONSTRUKTION

DER

KRIMINAL-VERJÄHRUNG

NACH

HEUTIGEM RECHTE

VON

K. v. RISCH.

In meiner im G e r i c h t s s a a l e Band XXXVI (1884)
S. 241—293 veröffentlichten Abhandlung „über den rechtlichen
Charakter der Kriminalverjährung nach heutigem Rechte" habe
ich nach vorangeschickter Gruppirung der in der strafrechtlichen
Doktrin vertretenen verschiedenen Auffassungen in eingehender Begründung den Nachweis zu erbringen gesucht, dass die
heutige Kriminalverjährung ungeachtet der gesetzlichen Unterscheidung einer Strafverfolgungs- und einer Strafvollstreckungsverjährung auf den einheitlichen Gesichtspunkt der Aufhebung
des staatlichen Strafanspruchs durch ununterbrochenen Zeitablauf zurückzuführen sei, dass sie aber zugleich den Charakter
eines gemischten, theils materiell-, theils prozessrechtlichen Institutes an sich trage, dass sie nämlich ihrem inneren Grund
und Wesen nach Tilgung des materiellen Anspruchs bedeute,
formell aber und ihrem unmittelbaren Effekte nach als Hinderung der prozessualen Aktion hervortrete, indem sie (ihre Li-
quidität vorausgesetzt) theils die gerichtliche Anhängigmachung,
Untersuchung und Sachentscheidung bezüglich des behaupteten
Strafanspruchs, theils die Vollstreckung des bereits rechtskräftig
festgestellten Strafanspruchs abschneide, dass mithin die Anspruchsvernichtung zwar in Gestalt und durch das Medium der
Versagung der prozessualen Aktion bewirkt werde, nicht aber

1*

in prozessualen Rücksichten wurzele, dass vielmehr nach der
im Gesetze selbst zum unverkennbaren Ausdruck gebrachten
Idee des Verjährungsinstituts die prozessuale Entkräftung des
Anspruchs ihren letzten, wenn auch nicht ausschliesslichen
Grund in dem Untergang des materiellen Strafrechtes habe,
dieser Untergang aber in spezifisch prozessualer Form und insofern mit potenzirtem Charakter zur Darstellung gelange.

Die Ergebnisse meiner Untersuchung haben inzwischen die
Zustimmung nicht bloss von Olshausen[1], sondern in wesentlichen Punkten auch von anderen Kriminalisten[2], welche früher
mehr oder minder abweichende Auffassungen vertreten hatten,
gefunden.

Hingegen stellt sich Binding, welcher in dem 1885 erschienenen I. Bande seines „Handbuchs des Strafrechts" in
der 4. Abtheilung des II. Buches bei der Darstellung der „Gründe
des Unterganges von Strafrecht und Strafklagerecht" auch der

---

[1] Vgl. dessen Kommentar zum R.-Str.-G.-B. 2. Aufl. (1886) Bd. I zu § 66
S. 321 ff. Aber auch schon die 1. Auflage dieses Commentars (Bd. I, 1880) be-
kannte sich ebenso wie (de lege lata) Hälschner. gem.d. Strafrecht I, S. 696,
in der Hauptsache zu der gleichen Auffassung, s. meine Eingangs citirte Abh.
S. 246.

[2] Es gilt dies namentlich von H. Meyer, Lehrb. des d. Strafrechts 4. Aufl.
1. Hälfte (1886) §§ 44 und 45 bes. S. 374 Note 3, und von Löwe, Kommentar z.
R.-St.-P.-O. 5. Aufl. (1888) zu § 259 Note 4 und 8, welche in den früheren Auf-
lagen die Verjährung als ein rein materiell-rechtliches Institut betrachtet hatten.
nunmehr aber auch die prozessuale Seite in mehr oder minder weitem Umfang
anerkennen. Aehnlich auch Glaser, Handbuch des Strafprozesses II. Bd (1885)
§§ 64, 97, welcher sich zwar zu den Resultaten meiner von ihm eingehend be-
rücksichtigten Studie, soweit sie den prozesshindernden Charakter der Verjährung betreffen, mehrfach ablehnend verhält, welcher aber gleichwohl (besonders S. 51
lit. B, S. 55 Ziff. 1, S. 60 lit. a, S. 544 f. Note 3 u S. 551) den gemischten
Charakter der Verjährung bis zu einem gewissen Grade anerkennt.

Lehre von der Kriminalverjährung in §§ 160 — 165 eine ein-
gehende Behandlung gewidmet hat, trotz wesentlicher Aenderung seiner früheren Auffassung (vgl. hierüber meine Abh. l. c.
S. 242) und ungeachtet wohlwollender Beachtung meiner in
Detailpunkten auch gebilligten Ausführungen, in der Hauptsache,
nämlich bezüglich der rechtlichen Konstruktion der Kriminalverjährung, auf einen grundsätzlich abweichenden Standpunkt
— ein Meinungsgegensatz, welcher zwar von geringerem praktischen, aber von um so höherem theoretischen Interesse ist.

Binding nämlich, nachdem er schon vorher (a. a. O.
S. 192 ff.) grundlegend die generische Verschiedenheit von (subjektivem) Strafrecht, worunter „allein das Recht der Straf-
zufügung" zu verstehen (S. 189 Note 7 i. f.) und von Strafklagerecht hervorgehoben hat, welches „ein von dem Strafrecht ganz unabhängiges öffentliches Recht auf Konstituirung
des Prozessrechtsverhältnisses und Endigung desselben durch
Urtheil" sei (S. 193 Ziff. I), unterscheidet sodann wie bezüglich
der Rechts-Entstehungsgründe so auch bezüglich der Rechts-
Endigungsthatsachen, ob sich dieselben zunächst auf das Strafrecht oder auf das Strafklagerecht oder unmittelbar auf beide
zugleich beziehen — mit dem Anerkenntniss jedoch, dass solche
Momente, welche dauernd die Entstehung des Strafklagerechtes
hindern oder dessen definitiven Untergang bewirken, mittelst
Reflexwirkung auch das Strafrecht selbst ergreifen [3]), dessen
Realisirung an Prozess und Urtheil gebunden ist (S. 196, 595,
810', imgleichen dass die Entstehungs- und Endigungsbedin-
gungen des Strafklagerechtes dem materiellen Aktionenrechte

---

[3]) Dass auch das Umgekehrte gilt (s. unten Not. 6), wird von Binding
wenigstens nicht hervorgehoben und zum klaren Ausdruck gebracht, vielmehr
durch die wiederholte Betonung der „Rechts-Zweiheit und der Unabhängigkeit beider
Rechte von einander" geradezu verdunkelt.

und, soweit sie ihrem Grundgedanken nach in Rücksichten auf
das Strafrecht, nicht auf das Strafverfolgungsrecht wurzeln,
der Theorie des Strafrechtes, nicht des Strafprozesses ange-
hören (S. 196, 595 f.). Zu den Gründen des Unterganges von
Strafrecht und Strafklagerecht gehört nun unter anderen auch
die Kriminalverjährung. Dieselbe ist aber in ihrer heutigen Gestalt nach Binding nicht ein rücksichtlich ihrer Grundlage, ihres Objektes und ihrer Wirkungen einheitliches Institut,
sondern sie spaltet sich in zwei fundamental verschiedene Ver-
jährungen: in die Verfolgungsverjährung, welche auf pro-
zessualem Grunde (Beweisvergänglichkeit) beruht, welche unmittelbar und in erster Linie nur das Strafklagerecht (genauer
„das Recht des Gerichtes auf Verurtheilung"), nicht das Strafrecht selbst ergreift, letzteres vielmehr nur mittelbar durch den
definitiven Untergang des Strafklagerechtes entkräftet, welche
aber wegen dieser Reflexwirkung und trotz ihres im Uebrigen
rein prozessualen Charakters nicht bloss in das Gebiet des materiellen Strafrechtes gezogen wird, sondern auch einer ver-
neinenden Sachentscheidung (durch freisprechendes Urtheil) nicht
entgegensteht, — und in die Vollstreckungsverjährung,
welche, wenn sie nicht überhaupt irrationell und darum ganz
verwerflich wäre, auf dem Grunde des weggefallenen Strafbedürfnisses beruht, welche das Strafrecht selbst ergreift und zerstört, welche mithin ganz und voll ohne prozessuale Beimischung
dem materiellen Strafrechte angehört.

Ich kann nicht umhin, diese Theorie trotz des hohen Masses
darauf verwendeten Scharfsinnes und dialektischer Kunst verfehlt und in sich widerspruchsvoll zu finden.

Ich sehe hier davon ab, die von Binding zum Ausgangspunkt gemachte Unterscheidung von (subjektivem) Strafrecht
und von Strafklagerecht zum Gegenstande einer einlässlicheren
Kritik zu machen. Es steht ja ausser Frage, dass sich beim

„Strafanspruch" [1]) zwei Elemente, ein materielles (gleichsam das Strafrecht an sich) und ein formelles (die Aktionsfähigkeit oder prozessuale Realisirbarkeit) unterscheiden lassen und dass diese Unterscheidung zumal für die Gründe der Entstehung und Endigung des Strafanspruchs von Wichtigkeit ist, da gewisse ausserhalb des Verbrechens liegende Thatsachen (wie z. B. Antrag, Ermächtigung, Auflösung eines ehelichen Verhältnisses als positive, Nichtinmitteliegen von Verbrauch der Strafklage durch res judicata, von Abolition, von Strafklageverjährung als negative Voraussetzungen) unmittelbar die Verfolgbarkeit, hingegen andere Thatsachen (wie z. B. Bedrohtsein der Handlung am ausländischen Begehungsort nach § 4 Ziff. 3, verbürgte Gegenseitigkeit nach § 102 f. St.-G.-B.) geradezu das Strafrecht an sich bedingen können. Allein beide Elemente gehören nothwendig zusammen und sind im „Strafanspruch" umschlossen. Gleichwie ein überhaupt nicht verfolgbares Strafrecht ein blosses

---

[1]) Binding vermeidet in seinem Handbuch geflissentlich den Gebrauch des früher ihm selbst geläufigen und m. E. (in Ermangelung eines anderen besseren) kaum zu entbehrenden Ausdruckes „Strafanspruch", bei welchem natürlich die Strafpflicht die regelmässige Kehrseite bildet. Zugleich macht Binding der in meiner mehrberegten Abhandlung gegebenen Definition des Strafanspruches als des aus dem Verbrechen erwachsenen, mit Aktionsfähigkeit ausgestatteten, subjektiv gerichteten staatlichen jus puniendi zum Vorwurf, dass dieselbe „den tiefgreifenden Unterschied von Strafklagerecht und Strafrecht nur ungenügend berücksichtige" und dass bei derselben „ein Fehler, der auf dem Gebiete des Civilrechtes und Civilprocesses gerade überwunden ist, auf dem des Strafrechts auftauche". Ich kann mich diesem Vorwurfe so lange nicht beugen, bis ich mich zu überzeugen vermocht habe, dass es in Wahrheit auch ein aktionsunfähiges „Strafrecht" gebe und dass das angebliche „Strafklagerecht", soweit dasselbe etwas von der Klagfähigkeit als immanenter Qualifikation des Strafanspruches verschiedenes, nämlich ein selbstständiges publicistisches Recht auf Prozess und Urtheil bedeuten soll, eine Realität besitze. — Die von Glaser l. c. S. 48 Note 3 gegen meine Definition erhobenen Bedenken, auf welche ich hier nicht eintreten kann, scheinen mir nicht stichhaltig zu sein.

Scheinding ist [5]), so giebt es natürlich noch weniger eine Strafklage ohne ein zu Grunde liegendes wirkliches oder wenigstens
potentielles Strafrecht [6]). Gerade die Erkenntniss dieser Zu-

[5]) Ich halte es darum für ungenau nicht bloss „im Ausdruck", sondern wohl
auch im Gedanken, wenn Binding a. a. O. S. 193 den Satz aufstellt: „die
obligatio zwischen dem Strafberechtigten und dem Delinquenten kann klaglose
naturalis obligatio sein oder geworden sein". Das staatliche jus puniendi ist eben
niemals und kann nach seinem innersten Wesen nicht obligatio mere naturalis
sein, sondern der Strafanspruch ist entweder aktionsfähig, oder er besteht überhaupt nicht, sei es noch nicht oder nicht mehr; hievon machen auch die Antrags-
delikte vor erfolgter Antragstellung nur eine scheinbare Ausnahme. Vergl. insbesondere Kohler's Abhandlung über „Recht und Prozess" in Grünhut's
Zeitschr. für Privat- u. öff. Recht B. XIV (Separatabdruck S. 31), sowie auch
Binding selbst l. c. S. 196, 595, 810. Erst für den überhaupt verfolgbaren Strafanspruch kommen dann die Vorschriften über die formellen Bedingungen seiner
Geltendmachung in Betracht (Legitimation des Anklägers, Prozessfähigkeit des Beschuldigten, Zuständigkeit des Gerichts, rechtsgültige Erhebung der Klage etc.),
die sog. allgemein wesentlichen Prozessvoraussetzungen, gegenüber den besonderen
Prozessvoraussetzungen, welche speziell die Aktionsfähigkeit des Strafanspruchs als
solchen (positiv oder negativ) bedingen.

[6]) Es ist zunächst wohl nur eine bei Binding häufig begegnende frap-
pirende dialektische Wendung, wenn derselbe S. 193 fortfährt: „umgekehrt kann
das Verbrechen fehlen, aber sein Verdacht begründet das Strafklagerecht".
Der Gedanke ist doch nur, dass die Strafklage nicht ein wirklich vorhandenes
Strafrecht, dessen Vorhandensein vielmehr erst durch das Urtheil festgestellt
werden soll, wohl aber „Behauptung der Schuld" (ob auch „Bescheinigung dieser
Behauptung" oder „Verdacht", wie Binding annimmt, ist eine andere, nicht
ohne weiteres zu bejahende, hier aber nebensächliche Frage), mithin ein potentielles Strafrecht voraussetzt. Begrifflich also giebt es keine Strafklage und kein
„Strafklagerecht" ohne Verbrechen und Strafrecht. Darum ist, wie Glaser a.
a. O. S. 47 f. treffend hervorhebt, „jede Thatsache, welche bewirkt, dass der
Strafanspruch (materiell) nicht zu Recht besteht, ein Hinderniss nicht bloss der Ver-
wirklichung desselben, sondern auch der erfolgreichen Durchführung der Strafklage, und von dem Augenblicke an, wo sie festgestellt ist, selbst der Fortsetzung und sogar der Erhebung der Strafklage; . . der Strafanspruch kann am
Mangel oder Untergang der Strafklage scheitern, das Strafverfolgungsrecht ver-
schwindet, sobald sich zeigt, dass der (materielle) Strafanspruch nicht besteht" ;
vgl. auch ebendaselbst S. 56: „Einreden, welche den (materiellen) Strafanspruch

sammengehörigkeit und des gegenseitigen Bedingungsverhält-
nisses beider Elemente wird aber m. E. verdunkelt, wenn (wie
es von Binding geschieht) der Klagfähigkeit als immanenter
Qualifikation des Strafanspruchs ein von dem Strafrechte
völlig unabhängiges, auf eigenen Füssen stehendes „Strafklagerecht" als subjektives Recht von publizistischem Charakter
substituirt wird. Es handelt sich hier um ein modernstes Produkt
theoretischer Konstruktion, dessen Legitimation selbst für den
Civilprozess noch sehr problematisch und stark angefochten [7]).

beseitigen, beseitigen dadurch auch das Strafverfolgungsrecht und ebenso umgekehrt". Scheinbar entgegengesetzter Meinung ist B i n d i n g a. a. O. S 193 f., 808 Ziff. I,
welcher in mindestens leicht missverständlicher und irreführender Weise mit besonderem Nachdruck „die Beachtung der Rechtszweiheit (von Strafrecht und Strafklagerecht) und die Unabhängigkeit beider Rechte von einander für die Lehre von
ihrer Entstehung und Endigung betont. Allein da B i n d i n g mit diesem angeblichen
Dualismus von einander unabhängiger Rechte begreiflicherweise doch nicht Ernst
macht, so dürfte jene Meinungsdivergenz wesentlich darin gipfeln, ob hinsichtlich
ihrer prozessualen Bedeutung und Wirkung ein Unterschied zwischen den Gründen ausgeschlossener Strafverfolgung und den Gründen ausgeschlossener Bestrafung
bestehe. — eine Frage, welche von G l a s e r (S. 56 ff.) grundsätzlich verneint,
hingegen von B i n d i n g (S. 194 Ziff. IV u. S. 808 f.) m. E. mit Recht, aber in
schiefer Formulirung und nicht mit strenger Folgerichtigkeit bejaht wird, s. unten
Note 9 sowie Ziff. II, 1 u. 2 dieser Abh.

[7]) Vgl K o h l e r in seiner am Schlusse der Note 5 citirten Abhandlung
S. 38 f.: „die Klage ist auch nicht der Ausfluss eines allgemeinen publizistischen
Klagerechtes. . . . es giebt kein publizistisches Recht auf die Klage"; die Klage
ist allerdings ein Rechtsakt mit Rechtsfolgen, sie begründet „das Rechtsverhältniss
des Prozesses" als publizistisches Parteiverhältniss, — aber „die Beziehungen
zwischen Partei und Gericht sind nicht etwa so, als ob die Partei einen A n -
s p r u c h gegen das Gericht hätte auf Vollzug derjenigen Akte, welche zur Fort-
bildung und Erledigung des Prozesses führen, vielmehr fungirt das Gericht im
Prozesse lediglich in seiner Eigenschaft als ein Glied des staatlichen Organismus,
und indem es im Prozesse mitwirkt, erfüllt es seine Staatsaufgabe", sowie ebendaselbst Note 94 „mit diesem A n s p r u c h auf Prozess, Urtheil oder Vollstreckung ist schon viel gefehlt worden und viele künstliche Aufstellungen wurden
darauf gebaut". — W a c h im Handb. des Civilprozesses I, S. 19 ff. anerkennt

für den Strafprozess aber mit Rücksicht auf dessen Charakter und Struktur vollends fragwürdig ") und auch durch

---

zwar einen besonderen sog. „Rechtsschutzanspruch" d. h. einen Anspruch des Klägers bezw. des Beklagten gegen den Staat (das Gericht) auf Gewährung prozessualen Rechtsschutzes als Mittel zum Zwecke des materiellen Rechtes und darum bloss demjenigen zustehend, welcher w i r k l i c h e s , nicht lediglich eingebildetes Rechtsschutzinteresse hat und im Prozesse darthut. W a c h verwirft aber ausdrücklich (S. 22) die „neue Lehre", welche „von publizistischem abstraktem Klagerecht überall spricht, wo rechtliche Klagemöglichkeit und in diesem Sinne K l a g e b e f u g n i s s gegeben ist. Weil man rechtswirksam klagen kann, ohne materielles Recht und Rechtsschutzanspruch zu haben, legt sie K l a g e r e c h t auch demjenigen bei, welcher weder subjektives Recht noch Schutzbedürfniss für dieses oder seine Rechtsposition hat. Die Thatsache der Klagsbehauptung in legaler Form ist ihr das Zeichen eines K l a g e r e c h t e s , weil an sie sich knüpft das prozessuale Rechtsverhältniss, die Folge eines Prozesses und Urtheils. Aber diese Möglichkeit (sei es gut- oder bösgläubig) rechtswirksam zu klagen, dieses sog. publizistische Klagerecht ist r e s m e r a e f a c u l t a t i s (vergleichbar der Befugniss, Rechtsgeschäfte vorzunehmen), nicht Ausübung eines Rechtes, geschweige denn eines Rechtes auf Urtheil bestimmten Inhaltes". — Vgl. auch T h o n, Rechtsnorm und subjektives Recht S. 226 ff.

8) Allerdings begegnet man auch in der Doktrin des Strafprozesses (vgl. z. B. G l a s e r a. a. O. S. 47, 56 und passim) dem Ausdrucke „Strafverfolgungsr e c h t" oder „S t r a f k l a g e r e c h t" (beide Ausdrücke sind übrigens nicht ganz identisch, ersterer vielmehr der weitere, da Strafverfolgungsakte unabhängig von der Erhebung der Strafklage stattfinden und der letzteren vorausgehen können) theils in dem Sinne, um damit die subjektive Legitimation zur Erhebung der Strafklage, theils um damit die diesem Organe zustehende, an das Vorhandensein der objektiven Klagmöglichkeit geknüpfte Befugniss (das Klagen - können oder dürfen) zu bezeichnen. Allein wenn auch dieses „Klagerecht", weil schon aus dem potentiellen Strafanspruche erwachsend, gelegentlich als „prozessuales Recht" dem Rechte auf Bestrafung (materiellen Strafanspruch) gegenübergestellt wird, so soll doch damit nicht ein von dem Bestande des Strafanspruches unabhängiges publizistisches Recht auf Prozess und Urtheil anerkannt (s. vielmehr oben Note 6), sondern lediglich die Klagmöglichkeit (Aktionsfähigkeit) und die darauf beruhende facultas agendi bezeichnet werden, deren wirkliche Ausübung dann das Prozessrechtsverhältniss begründet. In welchem Zeitpunkte letzteres entsteht, ob schon durch die rechtsgültige Erhebung der Strafklage bezw. durch die ihr stattgebende Eröffnung der Untersuchung (so G l a s e r a. a. O. S. 32 f.) oder erst durch den

Binding schwerlich in überzeugender Weise erbracht worden ist [9]).

---

das Hauptverfahren eröffnenden Beschluss (so v. K r i e s, Abh. über „die Prozessvoraussetzungen des Reichsstrafprozesses in Z. f. d. ges. Strafrechtsw. Bd. V (1885) S. 1 ff.), ist eine Frage, welche für die Definirung der Prozessvoraussetzungen und der denselben entsprechenden Prozesshinderungen von augenfälliger Wichtigkeit ist, welche aber, wie überhaupt die Begriffe von Prozess- und von Urtheilsvoraussetzungen und deren gegenseitiges Verhältniss (B i n d i n g, Grundr. d. Strafprozesses S. 180, J o h n, Comment. z. R.-St.-P.-O. I. S. 130 ff., v. K r i e s a. a. O. S. 32 ff.) noch weiterer Klarstellung bedarf. Vgl. hierüber auch G l a s e r l. c. S. 46 ff., bes. S. 54 ff, sowie die zunächst gegen v. K r i e s gerichteten Bemerkungen von J o h n a. a. O. II S. 116 ff, welcher gegen die Tendenz einer civilprozessualen Konstruktion des Strafprozesses Einsprache erhebt und insofern mit Recht, als dieselbe zunächst nur für den accusatorischen Prozess und auch hier nur eine relative Berechtigung hat.

[9]) Für die Freiheit und für den Mangel an Klarheit und Folgerichtigkeit, womit B i n d i n g den Begriff des „Strafklagerechtes" handhabt, führe ich nur folgenden stringenten Beleg an. Ist das Strafklagerecht „ein vom Strafrecht ganz unabhängiges öffentliches Recht auf Konstituirung des Prozessrechtsverhältnisses und Endigung desselben durch Urtheil", so sollte man glauben, dass dieses Recht unter den hierfür bestehenden Voraussetzungen dem Strafkläger (Staatsanwalt bezw. Privatkläger) zustehe und dass der Mangel oder Untergang desselben lediglich die Abweisung der unzulässigen Klage bezw. die Einstellung des gleichwohl eingeleiteten Verfahrens zur Folge haben müsse. Allein nach B i n d i n g ist Träger des Strafklagerechtes der Staat, soweit er nicht zu Gunsten eines Privatklägers auf sein Klagerecht verzichtet hat (S. 194); der Staat aber „tritt auf dem Gebiete des Strafrechtes als Inhaber einer dreifachen Berechtigung auf: als Inhaber des S t r a f r e c h t s, des S t r a f k l a g e r e c h t s und des S t r a f u r t h e i l s r e c h t s", von welchen ein jedes denkbarer Weise im Einzelfalle sein selbstständiges Ende finden kann (S. 822). „Ist nun das S t r a f r e c h t vor dem Urtheile erloschen, so hat dies stets auf Freisprechung zu lauten, wenn es zum Sachurtheile überhaupt kommen kann. Hingegen bezüglich des Untergangs des S t r a f k l a g e r e c h t e s ist zu scheiden, da er ein zweifaches bedeuten kann: e n t w e d e r die Strafklage ist überhaupt unzulässig, also auch ihre Annahme, also auch die Begründung des Prozessrechtsverhältnisses auf Grund ihrer: das dennoch begründete Prozessrechtsverhältniss ist nichtig, endet durch Einstellung, nicht durch Sachurtheil, — o d e r es geht an erster Stelle das R e c h t des R i c h t e r s unter, über das Recht des Klägers ein bejahendes Sachurtheil abzugeben, und in Folge davon das

Aufgabe dieser der rechtlichen Konstruktion der Krimi-
minalverjährung gewidmeten Abhandlung soll zunächst nur
sein, darzuthun: einmal, dass Binding's Ansicht von dem
Charakter und Wesen der heutigen Kriminalverjährung und
speziell der Verfolgungsverjährung unzutreffend ist, — und
zum Andern, dass Binding seinen eigenen Standpunkt nicht
folgerichtig durchgeführt, vielmehr die Konsequenz desselben
theilweise. verleugnet hat.

I. Es ist Binding (S. 832 ff. Note 28 Ziff. I und II) zunächst darin beizustimmen, dass die über die Kriminalverjährung hervorgetretenen Ansichten auf zwei fundamental verschiedene Grundanschauungen sich zurückführen lassen, je
nachdem dieselbe ihrem innersten Wesen nach als materiell-
rechtliches Institut (als Vernichtung des materiellen Strafan-

Recht des Klägers auf Verurtheilung: nicht die Klage als Anspruch auf
Urtheil, sondern die Klage als Anspruch auf Verurtheilung geht zu Grunde: der
auf erhobene Klage begründete Prozess ist nicht nichtig, der Richter hat nicht
einzustellen, sondern zu urtheilen, aber freizusprechen: dies trifft zu bei der
sog. Strafklageverjährung" (S. 808 f.), als deren Objekt (S. 832 Note 28)
„das Recht des Gerichts auf bejahendes Sachurtheil" bezeichnet wird,
während nach S. 848 lit. A „in Wahrheit zwei Rechte verjähren: das Strafklagerecht und das Recht des Gerichtes auf bejahendes Sachurtheil". — Die
Logik dieser Konstruktion zu verstehen, bei welcher sich das abstrakte publizistische Strafklagerecht im Handumdrehen in das Recht des Klägers und des
Gerichts auf Verurtheilung umwandelt, fühle ich mich ausser Stande. Der
Untergang des Strafklagerechtes (d. h. nach meiner Auffassung der Klagfähigkeit
des behaupteten Strafanspruches) kann nicht in einem Falle anders wirken, als im
andern, er kann nicht, wie Binding S. 194, 808 und 873 annimmt, im
Falle der res judicata oder der Abolition Unzulässigkeit der Strafklage, Nich-
tigkeit des gleichwohl entstandenen Prozessrechtsverhältnisses und folgeweise
Endigung desselben durch Einstellungsurtheil bewirken, hingegen im Falle der
Strafklageverjährung das untergegangene Klagerecht gleichwohl bestehen, ein
rechtsgültiges Prozessverhältniss begründen lassen und /statt überhaupt das Sachurtheil) lediglich das Verurtheilungsrecht des Richters (soweit letztere Ausdrucksweise überhaupt statthaft ist) beseitigen. S. Näheres sub Ziff. II,2 dieser Abh.

spruchs mit der Folgewirkung des Wegfalls der Verfolgbarkeit bezw. Vollstreckbarkeit) oder als prozessuales Institut
(als Entziehung der Aktionsfähigkeit d. h. der Verfolgbarkeit
bezw. Vollstreckbarkeit mit der Folgewirkung des Untergangs
des Strafanspruchs selbst) betrachtet wird[10]. Aber es muss Widerspruch dagegen erhoben werden, dass Binding den beiden Arten

---

[10] Ich halte übrigens diese Gegenüberstellung weder für völlig erschöpfend,
da auch eine materiell-rechtliche Verjährung mit spezifisch prozessualer Erscheinung
und Wirkung sich nicht bloss konstruiren lässt, sondern in unserem positiven Rechte
m. E. auch wirklich ausgebildet ist, noch vermag ich die von Binding a. a. O.
aus den beiden Grundauffassungen gezogenen Konsequenzen allesammt als richtig und
noch weniger als zwingend anzuerkennen. So kann ich namentlich nicht zugeben,
dass es vom Standpunkte der materiell-rechtlichen Auffassung prinzipwidrig und
unstatthaft sei, eine besondere Verfolgungs- und eine besondere Vollstreckungsverjährung mit verschiedenen Fristen anstatt bloss einer Verjährung, für welche
das Urtheil nur eine Unterbrechung bilde, zu statuiren, oder dass die prozessuale
Auffassung der Verjährung von vornherein die Anerkennung einer Vollstreckungsverjährung ausschliesse, als ob die Vollstreckung des rechtskräftigen Strafurtheils nicht auch eine prozessuale Aktion analog der Strafverfolgung wäre. Es
spielt hier augenscheinlich wieder die Gegenüberstellung von Strafrecht und
Strafklagerecht eine verhängnissvolle Rolle, indem ersteres mit der Befugniss zur
Vollstreckungshandlung identificirt, letzterem nicht auch eine mit der Rechtskraft
des Strafurtheils erwachsende Vollstreckungsbefugniss an die Seite gesetzt wird.
Der Strafanspruch selbst ist zwar vor und nach dem Urtheile an sich derselbe,
aber er ist durch das rechtskräftige Strafurtheil aus einem potentiellen, rücksichtlich seiner Existenz und seines Inhaltes noch illiquiden zu einem in rechtliche Gewissheit gesetzten und nach Art und Mass genau fixirten, aus einem
klagbaren zu einem vollstreckbaren geworden. Der Strafprozess ist darum mit
der Rechtskraft des Strafurtheils noch nicht zu Ende, wohl aber tritt jetzt an
die Stelle des bisherigen Prozessrechtsverhältnisses ein neues, an die Stelle der
Klage das Vollstreckungsbegehren. Diese an die Urtheilscäsur geknüpfte Umgestaltung des Prozessrechtsverhältnisses braucht aber den Strafanspruch nicht zu
einem unverjährbaren zu machen weder nach seiner materiellen Seite noch nach
der Seite seiner prozessualen Aktionsfähigkeit, und sie hindert ebensowenig, dass
der Gesetzgeber die Verjährung des nunmehr nach Existenz und Inhalt festgestellten Strafanspruchs, sei es von dem einen oder dem andern Gesichtspunkte
aus, strengeren Bedingungen bezw. längeren Fristen unterwerfe.

unserer positivrechtlichen Kriminalverjährung je eine verschiedene Grundanschauung unterlegt, dass er den materiell-rechtlichen Grundcharakter für die Verfolgungsverjährung (abweichend von der herrschenden und von seiner eigenen, früher und noch in der 3. Aufl. seines Grundr. z. Vorl. über Strafrecht S. 186 Ziff. 5 vertretenen Ansicht) verneint, für die Vollstreckungsverjährung bejaht. Letzteres ist richtig, ersteres unrichtig. Der Fehler Binding's ist hier, wie mir scheint, ziemlich derselbe, dessen er mich S. 828 Note 16¹¹) wohl zu Unrecht bezichtigt, dass er nämlich Grund und Folge oder genauer gesprochen Wesen und Erscheinungsform verwechselt.

Grundidee beider Arten der Kriminalverjährung ist Aufhebung des materiellen Strafanspruchs, wennschon dieselbe nach unserem positiven Rechte bei der Verfolgungsverjährung, nicht minder aber auch bei der Vollstreckungsverjährung, zunächst in spezifisch prozessualer Form (als Prozesshinderung bezw. als Hinderung der Vollstreckungsthätigkeit) hervortritt. M. a. W.: der Gedanke des Gesetzes ist nicht der, dass nach eingetretener Verjährung aus prozessualen Gründen (wegen der Beweisunsicherheit) keine Strafverfolgung oder wenigstens keine Verurtheilung und deshalb keine Bestrafung mehr stattfinden soll, sondern umgekehrt der gesetzliche Gedanke ist, dass wegen Verjährung des Strafanspruchs keine Bestrafung des Schuldigen mehr stattfinden soll, dieser Gedanke wird aber in der Form zum Ausdruck gebracht, dass (aus

---

11) Es heisst hier: „Risch möchte das prozessuale Moment der Vollstreckungsverjährung in der Hinderung der strafbehördlichen Aktion finden. Allein — und hier zeigt sich wieder der scharfe Gegensatz beider Arten der Verjährung — das Erlöschen des Rechts der Vollstreckungsbehörden ist nur die Rechtsfolge des Untergangs des Strafrechts, bei der andern Art der Verjährung aber ist der Untergang des Strafrechts nicht Grund, sondern Folge, der des Strafklagerechts nicht Folge, sondern Grund.“

hinzutretenden prozessualen Rücksichten) schon die Strafverfolgung, d. h. die Untersuchung und Feststellung, ob der behauptete Strafanspruch an sich begründet sei, abgeschnitten wird.

Die gegen den materiell-rechtlichen Grundcharakter der Verfolgungsverjährung gerichteten Ausführungen Binding's erweisen sich m. E. nicht als stichhaltig.

1. Vom Standpunkte der historischen Betrachtung (Binding S. 817 ff.) ist ja zuzugeben, dass im römischen und früheren gemeindeutschen Strafrecht wie auch in einer Reihe bisheriger deutscher Partikulargesetzgebungen bloss die Verfolgungsverjährung anerkannt und dass derselben wenigstens im römischen Rechte eine entschieden prozessuale Einkleidung durch Gewährung einer temporis praescriptio gegen die erhobene accusatio gegeben war[12]. Allein weder die eine noch die andere dieser beiden Thatsachen gestattet den von Binding daraus abgeleiteten Schluss gegen das materiell-rechtliche Grundwesen der früheren Kriminalverjährung. Dass die Vollstreckungsverjährung, welche allerdings von der Konsequenz des letzteren Standpunktes neben der Verfolgungsverjährung gefordert wird, in dem früheren Rechte keine Sanktion gefunden hatte, erscheint als eine Unvollkommenheit, die sich aus der langsamen, vielfach irrationellen und verkümmerten Entwicklung erklärt, welche die Kriminalverjährung in der Geschichte des positiven Rechts erfahren hat. Andererseits hängt die prozessuale Form der Geltendmachung der Verjährung im römischen Strafprozess mit dem accusatorischen Charakter des letzteren zusammen, steht aber der Annahme, dass durch die Verjährung der materielle Strafanspruch selbst (nicht bloss seine prozessuale Realisirbarkeit) getroffen werden sollte, so wenig wie bei andern

---

12) Vgl. auch meine Abh. im Gerichtssaal (1884) S. 270.

materiell-rechtlichen Exceptionen entgegen[13]). Dass aber der materiell-rechtliche Grundcharakter der Verfolgungsverjährung schon von Carpzov und zahlreichen Vertretern der älteren gemeinrechtlichen Doktrin (wenn auch in der outrirten Fassung einer Verbrechensverjährung und nicht ohne lebhaften Widerspruch) anerkannt und dass diese Auffassung im gegenwärtigen Jahrhundert zur „fast allein herrschenden" geworden ist, darf hier als bekannt vorausgesetzt werden[14]).

2. Indem Binding (S. 822 ff. besonders Note 5 die verschiedenen Theorien über den tieferen Grund oder die Gründe der Kriminalverjährung einer kurzen kritischen Beleuchtung unterstellt, gelangt er zu dem Ergebniss, dass die Beweisvergänglichkeit einzwingender, aber auch der allein zwingende Grund für die gesetzliche Anerkennung der Strafverfol-

---

13) Dass die römische Criminalverjährung, wie schon vorher die Verjährung der prätorischen Pönalklage, nicht eine prozesspolitische Einrichtung, sondern ein materiell-rechtliches Institut war und auf den Vergeltungs- und Genugtuungs-charakter der Strafe zurückzuführen ist, wonach die Strafe dem Rechtsbewusstsein als Rückschlag des Verbrechens erscheinen, mithin demselben „folgen muss, nicht bloss irgend einmal, sondern so bald, dass jener Kausalzusammenhang nicht geschwächt wird und für das Rechtsbewusstsein zurücktritt," hierüber vgl. Demelius Unters. aus dem röm. Civilrecht I. S. 39 ff. und 77, sowie speziell gegen die schon durch die Verschiedenheit der römischen Verjährungsfristen (20 und 5 Jahre) widerlegte Theorie der Beweisunsicherheit Dambach Beitr. z. Lehre von der Kriminalverj. S. 62 ff.

14) Vgl. in letzterer Hinsicht auch Binding selbst S. 832 f. Note 28 Ziff I, sowie meine Abh a. a. O. S. 241 ff., 270 f. Ich habe übrigens hier nicht (wie Binding S. 827 Note 8 andeutet) für das frühere Recht den materiell-rechtlichen Charakter der Verjährung geleugnet, sondern nur ihren zugleich processhindernden Charakter behauptet. Erwähnt sei hier nur noch, dass obige Auffassung auch noch neuerdings u. A. von Glaser, Handb. d Strafproz. II, S. 51, 55 und S. 545 Note 3 verbis „es darf die That nicht verfolgt werden, weil sie nicht mehr strafbar ist, nicht umgekehrt," desgleichen von v. Kries in der oben Note 8 erwähnten Abh. S. 12 vertreten wird.

g u n g s v e r j ä h r u n g sei, dass hingegen ein zwingender, ja auch
nur ein stichhaltiger Grund für die Verjährung rechtskräftig
erkannter Strafen schlechthin unerfindlich, dieselbe vielmehr
einfach zu beseitigen sei. So wenig nun auch zu verkennen
ist, dass die mit dem Ablauf einer längeren Zeit eintretende
Beweisunsicherheit für die Verfolgungsverjährung von grosser
Bedeutung und dass sie geradezu der treibende Grund für den
derselben beigelegten prozesshindernden Charakter ist (s. her-
nach Ziff. II), so wenig kann zugegeben werden, dass die Verfolgungsverjährung lediglich oder auch nur in erster Linie auf
diesen Grund zurückzuführen [15]) und dass die Vollstreckungsverjährung, weil bei ihr dieser Gesichtspunkt von vornherein
nicht zutrifft, als irrationell zu verwerfen sei. Dieser Standpunkt, welcher ein (nicht durch prozessuale Rücksichten be-
dingtes) Erlöschen des materiellen Strafanspruchs durch längeren Zeitablauf schlechthin in Abrede stellt, verkennt gleichmässig die Natur des Strafanspruchs und die Bedeutung des
Verjährungsinstitutes. Gilt für Ansprüche überhaupt das „Prinzip,
dass alle Spannungen, welche geraume Zeit ihre Lösung nicht
gefunden haben, nicht mehr fähig sind, die Zeit zu überdauern,
und darum neuen Lebensbeziehungen Raum geben müssen" [16]),
so gilt dies insbesondere für den Strafanspruch (den noch po-

---

15) Wenn das Gesetz z. B. bestimmen würde: „die Bestrafung unterbleibt
(oder fällt weg) mit Ablauf der Verjährungsfrist," so wäre dies zwar keine spezifische Verfolgungsverjährung im Sinne der §§ 66 u. 67 St.-G.-B , sondern die Statuirung eines Erlöschungsgrundes des „Strafrechtes" (zum Unterschiede vom blossen
„Strafklagerechte"). Aber mit dem Augenblick der Feststellung dieses von prozessualen Rücksichten völlig unabhängigen Strafaufhebungsgrundes würde auch
das Strafverfolgungsrecht hinfällig (s. oben Note 6) und würde jedenfalls die
Hauptwirkung der Binding'schen Verfolgungsverjährung, nämlich „Untergang
des richterlichen Verurtheilungsrechtes" eintreten.

16) K o h l e r a. a. O. (s. oben Note 5) S. 18.

2

tentiellen wie den bereits rechtskräftig festgestellten), welcher die
Reaktion der staatlichen Macht gegen den Schuldigen um des
von ihm begangenen Verbrechens willen herausfordert, welcher
aber seine Kraft verlieren muss, sobald die Beziehung der
Strafe zu dem Verbrechen nach gesetzlicher Abschätzung aus
dem lebendigen Bewusstsein geschwunden und durch andere inzwischen hervorgetretene kraftvolle Lebensbeziehungen ver-
drängt ist. Alle Strafrechtstheorien, soweit sie die Strafe nicht
geradezu als absolut nothwendige Rechtsfolge des Verbrechens
betrachten, kommen ja darin überein, dass die Strafe zu cessiren
habe bezw. dass der Staat auf die Ausübung seines Strafrechtes
verzichten dürfe und solle, wenn ein Strafbedürfniss nicht gegeben oder dasselbe als erloschen zu betrachten ist. Ein solcher
Erlöschungsgrund des Strafbedürfnisses und darum des Strafanspruchs ist aber die Verjährung, wobei es allerdings nicht
der Zeitablauf als solcher ist, welcher die zerstörende und aus-
gleichende Macht übt, sondern die in der Zeit hervortretenden
mannigfaltigen Faktoren und Lebensprozesse, die man gewöhnlich als Rechtsgründe der Verjährung angeführt findet, von
denen aber jeder einzelne nur eine grössere oder geringere
relative Berechtigung hat, keiner für sich allein die Verjährung
als allgemeines Institut zu tragen vermag [17].

---

17) Näher auf diese viel erörterte Frage nach dem oder den Rechtsgründen
der Kriminalverjährung einzugehen, ist hier um so weniger angezeigt, als dies
nicht ohne eine gewisse Auseinandersetzung mit den verschiedenen Strafrechtstheorien geschehen könnte. Ich bemerke darum nur, dass auch nach Binding
(S. 823 f. Not. 5) „es wohl möglich ist, dass der Gesetzgeber durch den
Zeitablauf das Strafbedürfniss als erloschen betrachtet," dass aber Binding
diesen Gesichtspunkt für die Strafklagerechtsverjährung nicht als den massgebenden
erkennt, während er umgekehrt die gesetzliche Anerkennung der sog. Strafvollstreckungsverjährung wesentlich oder lediglich auf jenen Gedanken gestützt findet
(S. 815 Ziff. III und S. 828). Letzterem ist beizustimmen, um so weniger aber
der beigefügten abfälligen Kritik, deren Konsequenz sich gegen die Strafanspruchs-

3. Dass die Verjährung auch der Strafverfolgung nach ihrem innersten Wesen und nicht bloss wegen ihrer Folgewirkung ein materiell-rechtliches Institut sei, ist zumal in unserer positiven Gesetzgebung trotz der gegentheiligen Behauptung Binding's zum unverkennbaren Ausdruck, wenn auch nicht zur unmittelbaren Formulirung gekommen. Es zeigt sich dies schon darin, dass die bezüglichen Bestimmungen in das St.-G.-B. selbst (unter „die Gründe, welche die Strafe ausschliessen") aufgenommen, nicht der St.-P.O. überlassen worden sind, was doch unter der entgegengesetzten Voraussetzung näher gelegen und angemessener gewesen wäre. Hiezu kommt, dass der Gesetzgeber in dem den Einzelnbestimmungen vorangestellten, vom Standpunkte Binding's aus nicht bloss überflüssigen, sondern geradezu verfehlten und irreführenden § 66 „durch die Verjährung wird die Strafverfolgung und die Strafvollstreckung ausgeschlossen" beide Arten der Verjährung zusammenfasst — augenscheinlich um dadurch von vornherein klar zu stellen, dass beide auf dem gleichen Grundgedanken beruhen, dass sie trotz mehrfach abweichend für beide getroffener Einzeln- (zumal Frist-) Bestimmungen als ein wesentlich einheitliches Institut [18]), nicht als zwei fundamental verschiedene Institute von

---

Verjährung überhaupt richten würde. Wird letztere als gerechtfertigt und durch die Natur der menschlichen Lebensbeziehungen gefordert anerkannt, dann ist nicht abzusehen, warum das rechtskräftige Urtheil den Strafanspruch zu einem unverjährbaren, nur durch Tod oder Begnadigung des Verurtheilten zerstörlichen machen oder warum nicht auch der staatliche Anspruch auf Vollstreckung einer lebenslänglichen Freiheitsstrafe der Verjährung unterliegen solle. Würde doch umgekehrt nach dem Postulate Binding's eine aus irgend welchem Grunde unvollzogen gebliebene rechtskräftige Verurtheilung zu einer ein- oder zweitägigen Haftstrafe noch nach 40 oder 50 Jahren gegen den noch am Leben befindlichen Verurtheilten vollstreckt werden müssen!

[18]) Dass dann „nur eine Art und eine Frist der Verjährung" hätte statuirt werden sollen (Binding S. 818, 829), ist doch nur ein theoretisches

2*

ihm betrachtet und behandelt werden. Endlich fällt hier noch geradezu entscheidend ins Gewicht (was auch B i n d i n g S. 830 lit. α nicht übersehen konnte), dass die Verjährungsfristen (wie bei der Vollstreckungsverjährung nach der Höhe der rechtskräftig erkannten Strafen) bei der Verfolgungsverjährung nach der Höhe der angedrohten Strafen und zwar 6fach (von 3 Monaten bis zu 20 Jahren) abgestuft sind. Kaum verständlich und nahezu sinnlos, wenn zunächst oder lediglich vom Gesichtspunkte der mit der Zeit eintretenden Beweisverdunkelung betrachtet [19]) tritt diese Abstufung der Verjährungsfristen in ein anderes Licht und erscheint dieselbe im Grossen und Ganzen als wohlgerechtfertigt, wenn sie auf den Gedanken zurückgeführt wird, dass der materielle Strafanspruch selbst (wegen wegfallenden Strafbedürfnisses) erlösche und dass dieses Erlöschen in längeren

bezw. legislativpolitisches Postulat, dessen Berechtigung noch zweifelhaft und angefochten ist, welches aber gegenüber dem abweichenden Standpunkte der lex lata nicht in Betracht kommt, vgl. auch oben Note 10. — Ein gewichtiges Argument für den einheitlichen und zugleich materiell-rechtlichen Grundcharakter beider Arten der Verjährung bildet übrigens auch § 5 St.-G.-B.

19) Wenn nach B i n d i n g a. a. O. hier „die ganz richtige Beobachtung zu Grunde liegt, dass das Gedächtniss schwerer That und ihrer Spuren im Menschen unendlich länger zu haften pflegt als das eines kleinen fungibeln Ungehorsams," so springt doch in die Augen, dass dieser Grund jene 6fache Fristabstufung nicht entfernt zu stützen vermöchte. Dieselbe würde vollends zur Ungeheuerlichkeit, wenn die den Gegenstand der Anklage bildende That erst im Laufe der Hauptverhandlung einen anderen (leichteren oder schwereren) Charakter annimmt; z. B. der des Mordes Angeklagte hat sich nach dem Geschwornenverdikt nur eines Vergehens der fahrlässigen Tödtung schuldig gemacht: die Verjährungsfrist für letzteres ist 5 Jahre, für die Anklage wegen Mordes 20 Jahre. Waren also seit Begehung der That 6 Jahre verstrichen, so durfte das Schuldigverdikt auf fahrlässige Tödtung „wegen Trüglichkeit des Beweisergebnisses" keine Berücksichtigung mehr finden, während jene „Beweistrüglichkeit" für das Todtschlagsverbrechen erst nach 15 Jahren, für das Verbrechen des Mordes erst nach 20 Jahren eintreten würde, obwohl das historische Faktum, um dessen Beweis es sich handelt, in diesen 3 Fällen ganz dasselbe und nur die rechtliche Qualifikation eine verschiedene ist!

oder kürzeren Zeiträumen einzutreten habe je nach der grösseren oder geringeren Schwere und Bedeutung des anhängig gemachten Strafanspruchs[20]).

II. Der im Vorstehenden erörterte und als letzter Ausgangspunkt des Gesetzgebers nachgewiesene Gedanke, dass durch die Verjährung der materielle Strafanspruch selbst ex nunc zerstört werde, würde seine einfachste und adäquateste Formulirung dadurch erhalten haben, dass das Gesetz die Verjährung als Strafaufhebungsgrund anerkannt hätte (z. B. „Straflosigkeit tritt ein" oder „der Thäter bleibt straflos" oder „die Bestrafung fällt weg" etc.), wobei dann selbstverständlich die Ausdehnung dieses Straftilgungsgrundes auf die bereits rechtskräftig erkannte Strafe einer besonderen gesetzlichen Hervorhebung und Normirung bedurfte. Hätte das Gesetz diesen Weg eingeschlagen, so hätte die Statuirung dieses Strafaufhebungsgrundes (ähnlich wie z. B. die der thätigen Reue, soweit letztere als solcher anerkannt ist) immerhin auch eine gewisse prozessuale Rückwirkung geübt insofern, als ein erloschener Strafanspruch gar nicht gerichtsanhängig gemacht werden soll (s. oben Note 6) oder, wenn er es doch geworden und geblieben ist, nicht zu einer Verurtheilung des wenn auch überführten und als schuldig erkannten Angeklagten führen darf oder, wenn das Erlöschen erst nach rechtskräftigem Strafurtheile eingetreten ist, der dem letzteren inwohnenden Voll-

---

[20] Kaum verständlich ist die Bemerkung Binding's (S. 829 Not. 19 i. f.) „Schon die Erwägung, dass das Strafklagerecht auch zu Gunsten des verdächtigen Unschuldigen verjähre, führt zur Erkenntniss, dass die Verfolgungsverjährung eine Strafrechtsverjährung nicht sein kann." Das Schiefe dieses Gedankens erhellt, wenn man sich vergegenwärtigt, dass Objekt der Verfolgungsverjährung der potentielle, nur möglicherweise begründete Strafanspruch ist. Wenn aber Strafrecht und mit demselben Strafklage zu Gunsten des wirklich Schuldigen verjähren, um so mehr die Strafklage gegen den bloss verdächtigen Unschuldigen.

streckbarkeitskraft verlustig geht. Diese prozessualen Wirkungen wären aber blosse Reflexwirkungen und würden dem Strafaufhebungsgrunde der Verjährung kein besonderes, auszeichnendes Gepräge geben.

Nun hat aber das St.-G.-B in §§ 66 ff. gerade den umgekehrten Weg eingeschlagen, indem sich nach der Fassung dieser Bestimmungen die zerstörende Wirkung der Verjährung wenigstens unmittelbar nicht gegen den materiellen Strafanspruch, sondern gegen die prozessuale Seite, gegen die Verfolgbarkeit bezw. Vollstreckbarkeit desselben richtet. Ich habe aber bereits in meiner früheren Abhandlung (S. 256 ff. und S. 270 ff.) in eingehender und wie ich glaube überzeugender Begründung den Nachweis zu führen gesucht, dass es sich hierbei weder (wie nach der bisher überwiegenden Ansicht) um eine blosse juristisch indifferente prozessuale Einkleidung des Verjährungsinstitutes ohne Alterirung seines gleichwohl rein materiell rechtlichen Charakters, noch um eine völlige Verläugnung des letzteren und Schaffung eines lediglich prozessualen Institutes handelt, sondern dass der Gesetzgeber jene Fassung gewählt hat, weil er sich einerseits bewusst war, durch die dauernde Entziehung der Aktionsfähigkeit den von ihm verfolgten Hauptzweck der Anspruchsvernichtung eben so gut (wenn auch in anderer Form), als durch unmittelbare Statuirung eines Strafaufhebungsgrundes zu erreichen und weil ihm andererseits daran gelegen war, durch jene Formulirung noch ausserdem wenigstens für die Verfolgungsverjährung mit Rücksicht auf die hier eintretende Beweisunsicherheit, welche jede richterliche Entscheidung über die Existenz oder Nichtexistenz des behaupteten Strafanspruchs als bedenklich und unstatthaft und darum jedes hierauf abzielende Verfahren als gegenstandslos erscheinen lässt, eine spezifische Prozesshinderung zu etabliren, mithin der trotz abgelaufener Verjährung erhobenen Strafklage und eröffneten Untersuchung die sonstige Wirkung der rechtsgültigen Begründung des Prozessrechtsverhältnisses und der Beendigung desselben durch Sachentscheidung zu versagen.

Dieser letzteren Auffassung[21], welche die Verjährung der Strafverfolgung unbeschadet ihres sonstigen materiell-rechtlichen Charakters als eine prozessuale Vorfrage, ihr Nichtinmitteliegen als eine selbstständige negative Prozessvoraussetzung betrachtet, ist nun in jüngster Zeit von mehreren Kriminalisten, welche im Übrigen der Verfolgungsverjährung eine selbstständige prozessuale Bedeutung zuerkennen[22]) oder dieselbe sogar als für ihr Wesen ausschlaggebend erachten, so namentlich von Glaser und Binding, von verschiedenen Gesichtspunkten aus theilweiser Widerspruch entgegengesetzt worden.

1. Glaser (Handb. d. Strafproz. II S. 49 ff.), welcher den Einrede-Begriff mit dem durch das Offizialprinzip bedingten

---

[21]) Bezüglich der näheren Begründung derselben und der Ableitung der einzelnen aus ihr sich ergebenden prozessualen Konsequenzen verweise ich, um Wiederholungen zu vermeiden, auf meine mehrcitirte Abh. S. 258 ff. und 283 ff, sowie auf die hiermit wesentlich übereinstimmenden Ausführungen bei Olshausen zu § 66 St.-G.-B. Note 5—11.

[22]) v. Kries (Z. f. d. ges. Strafrechtsw. Bd. V S. 12 Ziff. 7) bleibt hier ausser Betracht, da er zwar die Frage, ob man es bei der Verjährung „mit einer selbständigen Prozessvoraussetzung zu thun hat oder ob sich dieser Fall den materiell-rechtlichen Gründen der Freisprechung anschliesst," für bestritten erklärt, persönlich aber der Ansicht beitritt, „dass der entstandene strafrechtliche Anspruch in Folge des Zeitablaufes wieder erlischt, so dass in der Hauptverhandlung bei konstatirter Verjährung auf Freisprechung, nicht auf Einstellung des Verfahrens zu erkennen ist," — wie denn das Gleiche von ihm auch für den Fall rechtskräftiger Aburtheilung (Ziff. 8 eodem) ohne weitere Begründung und jedenfalls mit noch geringerem Rechte angenommen wird.

Vorbehalte auch auf den Strafprozess überträgt, stellt die Verjährung zu den hinsichtlich ihres Ursprunges gemischten[23])
d. h. materiell-rechtlichen, aber positiv oder negativ an strafprozessuale Vorgänge geknüpften, ihrer Wirkung nach aber peremtorischen[24]) Einreden, deren erfolgreiche Geltendmachung
die Strafverfolgung gänzlich und für immer ausschliesst, gleichviel übrigens ob sie sich gegen die Existenz bezw. Fortexistenz
des materiellen Strafanspruchs oder gegen seine Verfolgbarkeit
richten, da diese beiden sich gegenseitig bedingen und die
Verneinung der einen die gleiche Wirkung habe, wie die Verneinung der andern. Gerade deshalb begründet nach Glaser
diese ebenangeführte Verschiedenheit der peremtorischen Einreden auch keine durchgreifende Verschiedenheit ihrer prozessualen Behandlung, bewirkt insbesondere die nach dem
Gesetz an gewisse Thatsachen geknüpfte „Ausschliessung der
Strafverfolgung" nicht eine spezifische Prozesshinderung; vielmehr soll nach der Eigenart des Strafprozesses jede perem-
torische Einrede (zunächst ohne Unterschied zwischen Unzu-

---

23) Dahin gehören nach Glaser insbesondere auch die Einrede des fehlen-
den Antrags oder der fehlenden Ermächtigung, imgleichen der Abolition und
Amnestie. Den Gegensatz bilden einerseits die rein materiell-rechtlichen
Exceptionen, wohin z. B. Nothwehr, Nothstand, Erfüllung einer Berufspflicht,
Nichterfüllung spezieller Bedingungen der Strafbarkeit einzelner Delikte, thätige
Reue, Tod des Schuldigen, Strafverbüssung, Begnadigung etc. gerechnet werden,
andererseits rein strafprozessuale Exceptionen, wozu Mangel der allgemein
wesentlichen Prozessvoraussetzungen (Legitimation des Anklägers, Prozessfähigkeit
des Beschuldigten, Kompetenz und gesetzliche Zusammensetzung des Gerichts)
wesentliche Mängel des bisherigen Verfahrens, Nichterledigtsein einer wesentlichen Vorfrage des Strafprozesses, Verbrauch der Strafklage gerechnet werden.

24) Im Gegensatze zu den dilatorischen Einreden, welche nur die
einstweilige Unzulässigkeit der Strafverfolgung begründen und demgemäss bewirken, dass die Strafklage „angebrachtermassen" abgewiesen oder doch, dass
mit dem Strafverfahren bis zur Beseitigung des Hindernisses innegehalten werden muss.

lässigkeit der Bestrafung und Unzulässigkeit der Strafverfolgung) im prozessualen Sinne zugleich als prozesshindernde wirken, insofern sie, einmal liquid gestellt, jede weitere Untersuchung und Verhandlung als zwecklos erscheinen lasse und das Gericht verpflichte, dem Strafprozesse in der seinem jeweiligen Stadium entsprechenden Form so bald als möglich ein Ende zu machen[25]). Immerhin fordert auch Glaser (ebendas. S. 60) eine ausnahmsweise Berücksichtigung solcher Fälle, in welchen der legislative Grund der Untersagung der Strafverfolgung darin liege, dass die Nachtheile, welche schon die Strafverfolgung nach sich zieht, so hoch angeschlagen werden, dass sie diejenigen der Straflosigkeit einer an sich strafwürdigen That übersteigen, wie dies schon bei der Verjährung, mehr noch bei der Amnestie und Abolition, bei Antrags- und Ermächtig-

---

[25]) Vgl. Glaser a. a. O. S. 56 f. und 58 f. Die Note 19 das, richtet sich speziell gegen die in meiner Abh. vertretene Unterscheidung von Gründen der Ausschliessung der Strafverfolgung (processhindernde Peremtorien, analog den except. litis ingressum impedientes des Civilprozesses) und von sonstigen strafausschliessenden bezw. strafaufhebenden Thatsachen (bloss die Verurtheilung hindernden Peremtorien), welche Sonderung als im Strafprozesse nicht durchführbar erklärt wird. „Jedes Hinderniss der Verurtheilung hat die Wirkung, dass die Strafverfolgung zu unterbleiben hat, sobald es erkannt ist, und dass, wenn es zweifelhaft ist, auf seine Klarstellung möglichst rasch hingewirkt und dem Verfahren ein Ende gemacht werden muss, sobald es erkannt ist; bis dahin aber muss, gleichviel ob es sich um ein Hinderniss der Strafverfolgung oder um einen Grund des Wegfalls des Strafanspruchs handelt, im geordneten Prozessgang verhandelt und entschieden werden, und es ist nicht unbedingt geboten, oft ganz unmöglich, dass die Prüfung der That- und Schuldfrage bis zur Austragung jener Vorfrage verschoben werde. Es wird sich z. B. oft viel leichter die thätige Reue, die Unzurechnungsfähigkeit des Beschuldigten, die Nothwehr u. dgl. in solcher Weise feststellen lassen, als das Vorhandensein der Bedingungen der Verjährung. Ein noch nicht feststehendes Hinderniss der Strafverfolgung ist also kein unbedingtes Hinderniss des Strafverfahrens, und umgekehrt bewirkt jeder festgestellte Grund des Wegfalls des Strafanspruchs Unzulässigkeit der Strafverfolgung.“

ungsdelikten der Fall sei: hier bringe es die Natur der Sache mit sich, dass diesen Verhältnissen besondere Aufmerksamkeit zugewendet und dass nach Möglichkeit die hier massgebenden Thatsachen aufgeklärt werden, bevor im Uebrigen das Strafverfahren weiter geführt wird.

Da ich nun nicht bezweifelt, vielmehr in meiner früheren Abh. S. 258 ff. ausdrücklich anerkannt habe, dass auch die gegen den materiellen Strafanspruch gerichteten Peremtorien im obigen Sinne prozesshindernd wirken und dass andererseits auch die gegen die Aktionsfähigkeit desselben gerichteten Einreden soweit nöthig im ordentlichen Prozessgange liquid zu stellen sind[26]) und dass sie bis dahin den Gang des letzteren nicht oder nur insoweit beeinflussen, als auf baldthunlichste Aufklärung derselben Bedacht zu nehmen ist, so könnte es scheinen, dass eine prozessuale Besonderheit der Fälle, in welchen schon die Strafverfolgung, gegenüber den Fällen, in welchen lediglich die Bestrafung ausgeschlossen ist, überhaupt nicht bestehe, mithin die den ersteren von mir beigelegte spezifische Prozesshinderung ohne Realität sei. Allein abgesehen davon, dass schon Glaser selbst in dieser Hinsicht, wie eben berührt, ein bedeutsames, wenn auch wenig klar umgrenztes Zugeständniss gemacht hat, so würde m. E. die völlige prozessuale Gleichbehandlung beider Arten von Fällen weder dem Wortlaut und Geist des Gesetzes, welches ausdrücklich und wieder-

---

[26] Dies gilt nicht bloss, aber doch in besonderem Maasse für die Verjährung, da die Verjährungsfrist nach der Qualifikation des Reates sich bemisst. Ist letztere zweifelhaft oder unter den Parteien bestritten, so kann eine Beweisaufnahme in der Sache selbst und bisweilen sogar eine (vorerst nur provisorische) Erledigung der Schuldfrage in der Hauptverhandlung nicht umgangen werden, um darnach festzustellen, ob im gegebenen Falle die Voraussetzungen der Verjährung vorliegen.

holt zwischen denselben unterscheidet [27]), noch der Natur der
Sache gerecht werden, welche fordert, dass die Frage, ob der
behauptete Strafanspruch gesetzlich überhaupt verfolgbar sei,
auch wenn sie erst im Laufe des Verfahrens hervortritt oder
zur Erledigung gebracht werden kann, als eine ausserhalb
der Schuld- und der Straffrage stehende prozessuale
Vorfrage (Prozessvoraussetzung) zu betrachten und dass
die Feststellung der (dauernden) Unzulässigkeit der Strafverfolgung lediglich und unter Ausschluss jeder weiteren materiellen
Würdigung des Straffalles mit der definitiven Zurückweisung
der erhobenen Strafklage in der dem betreffenden Prozedur-
stadium entsprechenden Form zu verbinden sei, gerade so, als
wenn eine Untersuchung gar nicht eröffnet worden wäre.

Während nun aber diese, von mir als spezifische Prozesshinderung bezeichnete Besonderheit der Fälle ausgeschlossener
Strafverfolgung gegenüber jener der ausgeschlossenen Bestrafung in den früheren Prozedurstadien (Vor- und Uebergangs-
verfahren) weniger greifbar hervortritt, da hier die Form der
Klagabweisung für beide Arten von Fällen wesentlich die
gleiche ist, so stellt sich die Sache anders, wenn es sich darum
handelt, wie ein bereits eröffnetes Hauptverfahren in jenen und
diesen Fällen zu beenden sei. Ist die Unzulässigkeit der Strafverfolgung eine prozessuale Vorfrage, so wird hier dem er-
kennenden Gerichte die Befugniss einzuräumen sein, bei all-
seitigem Einverständnisse über die Voraussetzungen der Ver-

---

27) Und zwar gilt dies nicht bloss von dem St.-G.-B. selbst, sondern auch
von der St.-P.-O., welche in § 152, von „gerichtlich strafbaren und
verfolgbaren Handlungen" spricht und welche in § 178 die „Unzulässigkeit
der Strafverfolgung" ausdrücklich und speziell unter den Gründen der Ablehn-
nung der Voruntersuchung hervorhebt, mithin als prozesshindernd in einem präg-
nanteren Sinne anerkennt.

folgungshinderung (also im Falle der V e r j ä h r u n g über die
Qualifikation der dem Eröffnungsbeschlusse zu Grunde liegenden Handlung und über die Zeit ihrer Begehung) das Verfahren
noch vor Eintritt in die Hauptverhandlung durch Beschluss einzustellen [28]), während dann, wenn die Thatsache der Nichtverfolg-
barkeit erst im Laufe der Hauptverhandlung liquid gestellt
wird, letztere zwar durch Erlassung eines Urtheiles zu schliessen
ist, welches aber keine Sachentscheidung enthalten darf, sondern
auf Einstellung [29]) des Verfahrens (nach Analogie des § 259 Abs. 2
der St.-P.-O.) oder, wenn man die in § 259 Abs. 1 angegebenen
Urtheilsformen nicht als erschöpfend und bindend betrachtet,
auf Unzulässigkeit der Strafverfolgung (wegen Verjährung, wegen
Abolition, wegen Verbrauchs der Strafklage etc.) zu lauten
hat [30]). Wird hingegen, wie von G l a s e r, eine prozessuale

<hr/>

[28]) Allerdings sehr bestritten (vgl. meine frühere Abh. S. 260 Note 24)
und auch neuerdings wenigstens für die Verjährung verneint von L ö w e, Comm. z
St.-P.-O. (5. Aufl.) S. 492 Note 3a, von G l a s e r a. a O. S. 450 ff. u. 543,
imgleichen von B i n d i n g a. a. O. S. 831 Note 22, welcher übrigens einen
solchen Einstellungsbeschluss in dem Falle für zulässig erachtet, wenn
die Strafklage nach Fassung des Eröffnungsbeschlusses und trotz der dadurch
bewirkten Unterbrechung verjährt wäre. Hingegen mit dem Texte übereinstimmend O l s h a u s e n zu § 66 St.-G.-B. Note 8 lit. a und die früher von mir angef.
Schriftsteller.

[29]) Vgl. meine frühere Abh. S. 265 insbes. Note 28 und die das. angeführten Prozessualisten, imgleichen O l s h a u s e n zu § 66 des St -G.-B. Not. 8
lit. b und neuerdings auch H. M e y e r, Lehrb. d. d. Strafrechts (4. Aufl. 1. Hälfte)
S. 374 Note 3.

[30]) So nunmehr gleichmässig für alle einschlagenden Fälle L ö w e (5. Aufl.)
zu § 259 St.-P.-O. Note 4, welcher früher für die Verjährung (zum Unterschiede
von res judicata, Abolition etc.) Freisprechung von der Strafe gefordert hatte.
„Es ist übrigens nur ein Unterschied im Ausdruck, nicht in der Sache, wenn in
den vorgedachten Fällen statt der Unzulässigkeit der Strafverfolgung die Einstellung des Verfahrens ausgesprochen wird". Vgl. auch S t e n g l e i n, Lehrbuch
d. d. Stafproz. S. 302 und 304, welcher anscheinend die Wahl lässt zwischen
diesen beiden Formen des Urtheils.

Verschiedenheit zwischen Hinderung der Verfolgung und Hinderung der Verurtheilung in Abrede gestellt, so müssen auch nach eröffnetem Hauptverfahren beide Fälle grundsätzlich gleichbehandelt werden und ist in beiden Fällen die einmal eröffnete Hauptverhandlung durch freisprechendes Urtheil zum Abschlusse zu bringen [31]). Ich vermag dieser letzteren Ansicht, ohne das Gewicht der von Glaser für dieselbe geltend gemachten Gründe und den bei der hier augenfälligen Mangelhaftigkeit der Str.-Pr.-O. zweifelhaften und kontrovertirba-

<hr />

[31]) Vgl. Glaser a. a. O. S. 544 ff. Note 3 und S. 550 ff., woselbst es übrigens als „praktisch unbedenklich", wennschon weder durch das Gesetz noch durch dessen Materialien gerechtfertigt erklärt wird, „dass man die im Gesetze für den Fall des fehlenden oder entfallenden Antrages aufgestellte Form des einstellenden Urtheils auf andere Fälle (z. B. der Verjährung) ausdehnt." Die Gründe, auf welche Glaser seine Meinung stützt, dass in den Fällen des ne bis in idem, der Verjährung, der Abolition etc. auf Freisprechung zu erkennen sei, sind hauptsächlich: dass § 259 nur die darin bezeichneten drei Urtheilsformen kenne und die Einstellung auf den Fall des fehlenden oder entfallenden Antrages beschränke, — dass die dauernde Ausschliessung der Strafverfolgung auch die Strafbarkeit beseitige, — dass die Frage der Verfolgungshinderung häufig, weil mit der Frage der Qualifikation und mit andern Fragen eng verwickelt, nicht ohne Beweisaufnahme über die That selbst entschieden werden und dann geradezu der Fall einer Freisprechung wegen Mangels der That oder der strafrechtlichen Qualifikation (nicht bloss wegen Verjährung etc.) eintreten könne, - - dass die strafrechtlichen Einreden, auch solche von gemischtem Charakter, nicht gerade als Prozessvoraussetzungen zu betrachten seien, — endlich und ganz besonders, dass das freisprechende Urtheil wesentlich negativer Natur sei, dass dasselbe keine Entscheidung über die Schuldfrage zu enthalten brauche, sondern lediglich ausspreche, dass der Anklage nicht stattgegeben werde, dass es hierbei gleichgültig sei, welcher der zahlreichen möglichen Gründe einer Verurtheilung entgegen stehe, dass vielmehr einer dieser Gründe genüge, um die Prüfung des übrigen Prozessmaterials entbehrlich zu machen, dass darum auch § 266,4 der St.-P.-O. kein Hinderniss bilde, ein freisprechendes Urtheil so zu begründen: das Gericht lasse dahin gestellt sein, ob der Angeklagte die That begangen habe, da sie jedenfalls (z. B. weil nicht unter das inländische Strafgesetz fallend oder wegen eingetretener Verjährung etc.) nicht strafbar sei.

ren [32]) Charakter der Frage zu verkennen, gleichwohl nicht beizupflichten, weil ich einerseits das Charakteristische der Ausschliessung der Strafverfolgung gerade darin finde, dass hier die Vernichtung des vorerst nur potentiellen Strafanspruches d u r c h Entziehung der Aktionsfähigkeit bewirkt, mithin eine wirkliche (negative) P r o z e s s voraussetzung [33]) geschaffen und folglich jede Untersuchung und Feststellung darüber, ob im Uebrigen der behauptete Strafanspruch als begründet oder nicht begründet zu erachten sei, abgeschnitten werden solle, und weil ich andererseits die von G l a s e r vertretene Auffassung des freisprechenden Urtheiles im Hinblick zumal auf § 266,₄ St.-P.-O. nicht für zutreffend [34]) und mit der Eigenart der hier in Rede

[32]) Wie sehr hier die Ansichten auseinandergehen, darüber vgl. meine frühere Abb. S. 265 ff. Note 28—30, sowie G l a s e r S. 544 Not. 3 u. S. 551 fl. Note 10 u. 11. Auch das Reichsgericht vertritt hier keinen klaren und konsequent festgehaltenen Standpunkt; während dasselbe in einer Reihe von Erkenntnissen, wenn auch mit nicht völlig gleichmässiger Motivirung, ausgesprochen hat, dass das Gericht im Falle des ne bis in idem „das Verfahren nach Analogie des § 259 einzustellen (bezw. die Strafverfolgung für unzulässig zu erklären), nicht aber freizusprechen" habe (vgl. G l a s e r S. 551 ff. Note 10, L ö w e a. a. O. Vorbem. zu Buch II Abschn. I der St.-P.-O. S. 410 Note 32, sowie zu § 259 S. 549 Note 4), so hat ein R.-G.-E. vom 21. Juni 1882 (Rechtspr. IV S. 595 f.) im Falle der Strafklageverjährung die „Form" der ergangenen Entscheidung, „welche auf Einstellung statt auf Freisprechung lautet", als verfehlt erklärt.

[33]) Näheres hierüber unten Zifl. 2 lit. b.

[34]) So gewiss es ist, dass die Freisprechung wesentlich negativen Charakters ist und dass die St.-P.-O. die (auf dem Gegensatze zwischen Beweisfrage und Anwendbarkeit des Strafgesetzes beruhende) Unterscheidung zwischen „Klagfreisprechung" und „Straffreisprechung" nicht angenommen hat, so wenig kann andererseits bezweifelt werden, dass die Freisprechung nicht lediglich eine Entbindung von der Anklage, sondern eine Sachentscheidung über den Strafanspruch selbst enthält. Eine Sachentscheidung kann aber nur auf Grund einer überhaupt zulässigen Strafklage ergehen. Es erscheint als eine petitio principii, wenn daraus, dass die dauernde Unzulässigkeit der Strafklage auch den Untergang des

stehenden Hinderungsgründe der Strafverfolgung, speziell der Verjährung, kaum vereinbarlich halte [35]).

———————

potentiellen Strafanspruches zur Folge hat, die Berechtigung zum freisprechenden Sachurtheile, welches seinerseits die zulässige Strafklage voraussetzt, abgeleitet wird. Dies ergiebt sich m. E zur Evidenz aus § 266,4 St.-P.-O, welcher allerdings zunächst nur die Motivirung der freisprechenden Urtheile betrifft, welcher aber zugleich über die Bedeutung und Voraussetzungen der letzteren klaren Aufschluss dahin giebt, dass eine Freisprechung nur dann ergehen soll, wenn entweder der Angeklagte nach den Ergebnissen der Hauptverhandlung für nicht überführt (wobei doch die Zulässigkeit einer Verfolgung und Ueberführung und ein durchgeführtes Beweisverfahren Voraussetzung ist) oder wenn die für erwiesen angenommene That aus gesetzlichen Gründen für nicht strafbar erachtet worden ist. Hienach scheint aber eine Freisprechung entschieden dann ausgeschlossen zu sein, wenn es wegen Unstatthaftigkeit der Strafverfolgung nicht einmal zu einer Würdigung der That- und Schuldfrage und darum auch nicht der durch die Bejahung derselben bedingten Straffrage kommen durfte. Es dürfte daher eine Freisprechung mit der am Schlusse der Note 31 angeführten Begründung, bei welcher von der Schuldfrage gänzlich abstrahirt wird, dem Wortlaut und Geist des Gesetzes nicht entsprechen, wie sie denn auch im schwurgerichtlichen Verfahren nach der Struktur desselben unthunlich wäre.

[35]) Wie Glaser selbst (S. 60) einräumt, soll hier im öffentlichen Interesse wegen der „Nachtheile, welche die Strafverfolgung nach sich zieht, sei es für den Staat, sei es für den Angeklagten, sei es für Dritte" und speziell bei der Verjährung wegen der eingetretenen Beweisverdunkelung, welche einer verlässigen Beurtheilung der That- und Schuldfrage entgegentritt, ein Strafverfahren überhaupt nicht oder doch nur insoweit stattfinden, als dasselbe zur Feststellung des Vorhandenseins der Verfolgungshinderung erforderlich ist. Ist letztere konstatirt, so darf in eine Würdigung der Schuldfrage nicht mehr eingetreten und muss die bereits geschehene als nicht geschehen betrachtet werden, es darf hier also namentlich nicht, wie Glaser S. 545 Note 3 annimmt, auf Grund des bis dahin bereits erbrachten Beweismateriales „zu einer Freisprechung wegen Mangels der That oder der strafrechtlichen Qualifikation kommen" (dies würde dem Gedanken zumal der Strafklageverjährung geradezu widerstreiten), noch darf, wohin die Konsequenz des von Glaser eingenommenen Standpunktes drängen würde, das von den Geschworenen etwa bereits abgegebene Schuldigverdikt als solches respektirt und desselben ungeachtet, „weil die für erwiesen angenommene That als nicht strafbar erachtet wird," freigesprochen werden (was den Angeklagten in ungerecht-

2) In den Ausgangspunkten von Glaser wesentlich abweichend stimmt Binding mit demselben darin überein, dass das Gericht, wenn es sich erst in der Hauptverhandlung von der eingetretenen Verjährung der Strafverfolgung überzeugt, nicht „das Recht auf Sachurtheil," sondern nur „das Recht auf bejahendes Sachurtheil verliere," dass dasselbe darum nicht auf Einstellung des Verfahrens zu erkennen bezw. die Unzulässigkeit der Strafverfolgung auszusprechen, sondern freizusprechen, und zwar „wegen Unbeantwortlichkeit der Schuldfrage freizusprechen" habe [36]).

Zwar ergreift nach Binding die Verfolgungsverjährung, deren zwingender Grund lediglich die Beweisvergänglichkeit ist, unmittelbar nicht das Strafrecht, sondern nur das davon unabhängige Strafklagerecht (S. 823 ff.) und bildet das richterlich anerkannte Vorhandensein des letzteren die Voraussetzung für das (bejahende oder verneinende) Urtheil über das Strafrecht [37]); dem entsprechend wird betont (S. 596), dass „das

---

fertigter Weise belasten und ihn zur Anfechtung eines solchen „freisprechenden" Erkenntnisses berechtigen würde, vgl. auch R.-G.-E. v. 11. Juni 1881 Rechtspr. III. S. 380), — vielmehr bietet hier den einzig korrekten Ausweg die Auffassung, dass es sich weder um eine Schuld- noch um eine Straffrage, sondern um eine prozessuale Vorfrage handle und dass darum das Urtheil schlechthin auf (definitive) Einstellung des Verfahrens bezw. auf Unzulässigkeit der Strafverfolgung zu lauten habe.

36) Binding a. a. O. S. 830, 832 Note 27: „die richtige Formel ist durchweg: es wird der Angeklagte von der Anklage wegen Verjährung derselben freigesprochen!"

37) Binding l. c. S. 194 Ziff. IV: „Dem doppelten Anspruch des Strafklägers (auf Anerkennung seines Strafklagerechtes und Anerkennung des Strafrechts) entsprechen zwei Arten des Urtheils: das eine bejaht oder verneint nur das Klagrecht, ohne über das Strafrecht entscheiden zu wollen; ist die Verneinung eine definitive, so hindert der Beschluss die Entstehung des Prozessverhältnisses (definitive Rückweisung der erhobenen Klage) oder endet das entstandene Einstellung). Das andere Urtheil bejaht oder verneint das behauptete Strafrecht;

Fehlen der Strafklagevoraussetzung (z. B. des Antrags, der Ermächtigung, der Auflösung eines ehelichen Verhältnisses), Mangel einer Prozessvoraussetzung ist und das trotzdem begründete Prozessverhältniss nichtig" macht, mithin „die Entscheidung in der Sache selbst hindert und zur Einstellung zwingt," während das Fehlen einer besonderen Strafrechtsvoraussetzung das Zustandekommen des Prozessrechtsverhältnisses und die Entscheidung in der Sache selbst nicht, sondern nur die Verurtheilung hindere. Aber es wird die Konsequenz des ersteren Gedankens, welche doch in gleicher Weise auch für andere Fälle der gesetzlich ausgeschlossenen bezw. der negativ bedingten Strafverfolgung platzzugreifen hätte, in auffälliger und völlig willkürlicher Weise gerade für die Strafklageverjährung durchbrochen, indem S. 808 f., 826, 832 f. behauptet wird, dass der Untergang des Strafklagerechts einen zweifachen, ganz verschiedenen Charakter haben könne, nämlich bald (und in der Regel, wie im Falle der res judicata und der Abolition) die Bedeutung einer Prozesshinderung bezw. einer negativen Prozessvoraussetzung, so dass das auf Grund der unzulässigen Strafklage gleichwohl konstituirte Prozessverhältniss nichtig und durch Einstellung, nicht durch Sachurtheil zu beenden sei, bald (und zwar im Falle der Strafklageverjährung) lediglich die Bedeutung einer Hinderung der Verurtheilung, so dass die Klage nicht „als Anspruch auf Urtheil, sondern nur als Anspruch auf Verurtheilung" bezw. „das Recht des Richters über das Recht des Klägers ein bejahendes

---

sein Erlass hat die Anerkennung des Strafklagerechts zur Voraussetzung; sonst würde eben das Gericht nicht in der Sache entscheiden." Vgl. wegen der Bedenken gegen die behauptete „Rechts-Zweiheit" und überhaupt gegen die Annahme eines publicistischen Strafklagerechts als selbstständigen „Anspruchs" (statt einfach der objektiven Klagfähigkeit des behaupteten Strafanspruchs) oben Note 7 und 9.

Sachurtheil abzugeben," untergehe, der Richter mithin „nicht einzustellen, sondern zu urtheilen, aber freizusprechen" habe [38]).

Hiegegen ist aber Folgendes einzuwenden:

a) Das sog. „Strafklagerecht" Binding's ist nach seiner eigenen Definition (S. 193) lediglich das „öffentliche Recht auf Konstituirung des Prozessrechtsverhältnisses und Endigung desselben durch (sachentscheidendes) Urtheil," nicht aber ist dasselbe ein Recht des Klägers oder gar des Gerichts auf bejahende Sachentscheidung (Verurtheilung). Wird nun durch die eingetretene Verjährung der Strafverfolgung zunächst und in erster Linie nur das Strafklagerecht zerstört (und dies ist ja die Meinung Binding's, welcher das „prozessuale Wesen" dieser Verjährung ebenso entschieden betont, wie er

---

[38]) B i n d i n g a. a. O. S. 808 f. Ziff. II, 1 und 2, vgl. auch oben Note 9 dieser Abh. — Dass B i n d i n g das rechtskräftige Urtheil und die Abolition als P r o z e s s h i n d e r u n g e n im obigen Sinn betrachtet, erhellt aus S. 194 Ziff. IV, 814 Ziff. I, 869 und 873 (die Abolition „wirkt entweder die Nichterhebung der Klage oder die Nothwendigkeit, das schon begründete Prozessrechtsverhältniss d u r c h E i n s t e l l u n g zu enden, sie wirkt prozesshindernd oder prozessaufhebend"). A. M. allerdings G l a s e r, welcher Verjährung, rechtskräftige Aburtheilung und Abolition gleichmässig als Gründe der Freisprechung betrachtet (s. oben Note 31) und ähnlich v. K r i e s (s. oben Note 22) in Bezug auf Verjährung und res judicata, welche er nicht als (negative) Prozessvoraussetzungen, sondern lediglich als materiell-rechtliche Gründe des Untergangs des Strafanspruchs und darum der Freisprechung auffasst, während von ihm der Fortbestand des landesherrlichen Abolitionsrechts überhaupt verneint, für den Fall seiner Bejahung aber die Abolition als Prozesshinderung anerkannt wird. Letzteres geschieht in entschiedener und überzeugender Weise auch für die res judicata von S c h a n z e, Rechtskraft des Strafurtheils in Z. f. d. ges. Strafrechtsw. IV (1884) S. 482 ff. „der Einwand der Rechtskraft ist gegen das Prozessbegehren, nicht gegen den Anspruch gerichtet, . . . das Urtheil, welches auf Grund der Ausflucht der Rechtskraft den Kläger abweist, entscheidet nicht über die Sache selbst, sondern spricht die Unzulässigkeit einer solchen Entscheidung aus, die Rechtskraft konsumirt nicht den Anspruch, sondern die Klagbefugniss."

den materiell rechtlichen Grundcharakter derselben in Abrede
stellt), so muss und kann dies doch nur bedeuten, dass mit
dem Augenblicke ihrer richterlichen Konstatirung überhaupt
die Möglichkeit von Prozess und Sachentscheidung, welch
letztere „die Anerkennung des Strafklagerechtes zur Voraussetzung hat" (S. 194), beseitigt, nicht aber dass hiedurch ein
in dem Strafklagerechte als solchem überall nicht enthaltenes
„Recht auf Verurtheilung" zum Wegfall gebracht bezw. lediglich eine Hinderung der Verurtheilung (wie beim Mangel
oder Untergang einer Voraussetzung des Strafrechtes) geschaffen
werde[39]).

b) Binding stellt in Abrede (S. 830 Note 20), dass nach
heutigem Recht die Verfolgungsverjährung prozesshindernde
Wirkung habe bezw. dass sie (ähnlich wie res judicata und Abolition) als eine prozessuale Vorfrage[40]) zu betrachten sei, ohne
jedoch diesen gegen Olshausen und mich gerichteten Widerspruch näher zu begründen, es sei denn, dass diese Begründung in dem Satze auf S. 826 enthalten sein soll, welcher lautet:
„Klagt der Staatsanwalt dennoch, weil die Thatsache der Ver-

---

[39]) Der logische Fehler dieses Gedankengangs ist um so augenfälliger und
um so schwerer begreiflich, als Binding wiederholt und mit Recht darauf
hinweist, dass im Sinne des Gesetzes mit dem Eintritt der Verfolgungsverjährung
Sein oder Nichtsein des behaupteten Strafanspruchs nicht mehr in historische
Gewissheit gesetzt werden könne und darum auch die Fortdauer des Strafklagerechts als zwecklos erscheine. Die Konsequenz dieses Standpunktes
kann doch aber nur dahin führen, jede Sachentscheidung und jedes auf solche
abzielende Verfahren, nicht aber bloss die Verurtheilung auszuschliessen und
Freisprechung zu fordern, welche nach Binding ebenfalls Sachentscheidung ist
und Anerkennung des Strafklagerechts voraussetzt.

[40]) Die Meinung ist hiebei nicht, wie sich Binding a. a. O. ausdrückt,
dass „die Verjährung den Wegfall einer Prozessvoraussetzung bedeutet," sondern vielmehr dass das Nichtverjährtsein der Strafklage eine (negative) Prozessvoraussetzung bilde.

3*

jährung zweifelhaft ist oder von ihm verneint wird, so kann
auf diese Klage hin das Prozessrechtsverhältniss begründet
werden, — denn es ist ja gerade ungewiss, ob Strafklagerecht
und Strafrecht noch bestehen — und das Gericht hat in der
Hauptverhandlung nicht einzustellen, sondern in der Sache
freizusprechen; nur das Recht des Klägers auf bejahendes
Sachurtheil ist geschwunden."

Nun wird aber von Binding selbst (S. 829 Ziff. 2 und
Note 19) anerkannt, dass schon nach der Terminologie des
Gesetzes, welche hier nicht, wie vielfach angenommen wird,
als eine indifferente oder ungenaue prozessuale Einkleidung
betrachtet werden darf, Objekt dieser Verjährung „die prozessuale Verfolgung der strafbaren Handlung, der Strafprozess,
oder (wie es § 69 der St.-P.-O. noch genauer bezeichnet) „Beginn
oder Fortsetzung eines Strafverfahrens" ist, dass mithin eine
verjährte Strafklage nicht erhoben oder, wenn sie gleichwohl
gerichtshängig geworden wäre, nach geschehener Feststellung
der Verjährung nicht zum Gegenstand weiterer Verhandlung
über den geltend gemachten Strafanspruch gemacht werden
darf. Dies heisst doch nichts anderes, als dass der Verjährung,
sobald ihr Vorhandensein gerichtlich anerkannt ist, eine prozesshindernde bezw. prozessbeendende Wirkung zukommt.
Hierin liegt denn aber auch, dass das Nichtverjährtsein der
Strafklage eine prozessuale Vorfrage, eine negative Prozessvoraussetzung genau in demselben Sinne bildet, wie z. B. das
Vorliegen des Antrags oder der Ermächtigung als positive
Prozessvoraussetzung zu betrachten ist. Allerdings ist der
Begriff der „Prozessvoraussetzungen" und bezw. der „Urtheilsvoraussetzungen" für den Strafprozess erst in jüngster Zeit
namentlich durch Binding und v. Kries[11]), deren Resultate

11) S. oben S. 10 f. Note 8. Während Binding l. c. (Grundr. d. Strafpr.
S. 180) blos eine hinsichtlich ihrer Korrektheit und Vollständigkeit mehrfach zu

übrigens keineswegs übereinstimmen, verwerthet worden und noch nicht genugsam abgeklärt. Allein ohne hier in eine nähere Untersuchung dieses heiklen Gegenstandes einzutreten, glaube ich doch behaupten zu dürfen, dass die von den ebengenannten Schriftstellern aufgestellten Theorien über die Prozessvoraussetzungen von einer gewissen Willkürlichkeit nicht freizusprechen sind. Versteht man unter letzteren nach dem Wortbegriff die Voraussetzungen, an welche die Möglichkeit eines Prozesses geknüpft ist, so können dieselben sowohl positive als negative [42]),

beanstandende Aufzählung der von ihm als solche erachteten Prozess- und Urtheilsvoraussetzungen giebt, so definirt v. Kries a. a. O. S. 32 die Prozessvoraussetzungen als „diejenigen Thatumstände, bei deren Mangel das prozessuale Rechtsverhältniss (Rechtshängigkeit durch Eröffnung des Hauptverfahrens) nicht begründet werden darf," die Urtheilsvoraussetzungen als „diejenigen Thatumstände, bei deren Mangel ein Urtheil in der Sache selbst nicht gesprochen werden darf," wobei derselbe noch näher ausführt, dass zwar die Prozessvoraussetzungen in der Regel auch Urtheilsvoraussetzungen sind, dass es aber gleichwohl einzelne spezifische Prozessvoraussetzungen giebt, deren Mangel nur der Begründung der Rechtshängigkeit, nicht aber einer späteren Sachentscheidung entgegensteht, und ebenso umgekehrt gewisse spezifische Urtheilsvoraussetzungen, welche für die Begründung der Rechtshängigkeit irrelevant sind, vielmehr lediglich später der Urtheilsfällung hindernd entgegentreten. Dass v. Kries S. 8 ff. Exterritorialität des Verbrechers, mangelnde Prozessfähigkeit des Beschuldigten, Mangel des Antrages oder der Ermächtigung, auch Nichtvorliegen einer (soweit überhaupt zulässigen) Abolition und andere Umstände als Prozess- und zugleich Urtheilsvoraussetzungen anerkennt, nicht aber das Nichtvorliegen von Verjährung und von Verbrauch der Strafklage, hängt mit seiner rein materiell-rechtlichen Auffassung der beiden letzteren zusammen (s. S. 12 Ziff 7 u. 8 daselbst). Um so auffälliger aber erscheint es, dass auch Binding a. a. O. unter den Prozessvoraussetzungen zwar der Prozessfähigkeit des Beklagten, des erforderlichen Antrages oder der Ermächtigung, der vorherigen Entscheidung der präjudiciellen Straf- oder Civilsache etc., nicht aber des Nichtvorliegens von Abolition, res judicata und Verjährung erwähnt, obwohl er die beiden ersteren als prozess- und urtheilshindernd, die letztere wenigstens als prozess-, wenn auch (inkonsequent) nicht als urtheilshindernd in seinem Handbuch d. Strafrechtes anerkennt.

[42]) Dies wird auch kaum bestritten und lässt sich um so weniger bestreiten, als es hierbei vielfach nur auf die Art der Formulirung ankommt; es ist z. B.

imgleichen sowohl allgemein wesentliche (Glaser a. a. O.
S. 56) als besondere (z. B. Antrag oder Ermächtigung) sein
und sie beziehen sich theils auf die Beschaffenheit der Prozess-
subjekte, theils auf die Natur des Prozessobjektes, theils auf die
Form der Prozesshandlung[43]. Rücksichtlich des Prozessobjektes ist nun aber Voraussetzung des Strafprozesses, dass es
sich nicht bloss überhaupt um eine „Strafsache" handle, sondern dass auch der zu erhebende bezw. erhobene strafrechtliche
Anspruch prozessualisch verfolgbar sei, dass also die Strafverfolgung nicht von gewissen noch ausstehenden oder wenigstens nicht in gesetzlich geforderter Weise erfüllten Bedingungen
abhängig gemacht und dass dieselbe nicht vom Gesetz aus
irgend welchem Grunde, und zwar zunächst ohne Rücksicht
auf Bestand oder Nichtbestand des materiellen Strafanspruchs,
schlechthin ausgeschlossen sei. Es besteht darum kein Grund,
sondern erscheint als völlig ungerechtfertigt, Antrag, Ermächtigung etc. als (positive) Prozessvoraussetzungen anzuerkennen
hingegen der res judicata, Abolition, Strafklageverjährung,
wenn man dieselben nicht rein materiell-rechtlich (als blosse
Hinderungsgründe der Verurtheilung) auffasst, den Charakter
von (negativen) Prozessvoraussetzungen abzusprechen, da es
sich vielmehr in diesen wie in jenen Fällen um Voraussetzungen der Möglichkeit eines Prozesses, um prozessuale
Vorfragen, handelt und nur in anderem Betracht der Unterschied besteht, dass hier die Prozesshinderung in dem Untergang der Klagfähigkeit wurzelt und eine definitive ist, dort

---

ganz dasselbe, ob man Prozessfähigkeit des Beschuldigten fordert, oder dass derselbe zur Zeit der That bezw. der Klageerhebung nicht unter 12 Jahren, nicht
geisteskrank, nicht exterritorial sei.

43) Vgl. Schanze, Rechtskraft des Strafurtheiles in Z. f. d. ges. Strafrechtsw IV S. 483 f., sowie auch John, Komment z. R.-St.-P.-O. I S. 130 ff

der noch mangelnden Verfolgbarkeit entspringt und möglicherweise nachträglich noch beseitigt werden kann.

Kaum verständlich aber ist es, wenn Binding dem Unverjährtsein der Strafklage die Bedeutung einer negativen Prozessvoraussetzung bezw. der eingetretenen Verjährung die Wirkung (nicht einer von ihm selbst anerkannten Prozesshinderung, wohl aber) einer Hinderung des Sachurtheils um deswillen absprechen will, weil auf die vom Staatsanwalt wegen zweifelhafter oder von ihm verneinter Thatsache der Verjährung erhobene Klage hin das Prozessrechtsverhältniss begründet werden könne, so dass mit der Bejahung jener Thatsache in der Hauptverhandlung das Gericht nicht einzustellen, sondern in der Sache freizusprechen habe. Es wird hier übersehen, dass es sich ganz ebenso z. B. mit dem Einwand der res judicata oder des mangelnden Antrags verhält, dass auch hier, wenn der Einwand nicht sofort liquid bezw. das Antragserforderniss nach der anfänglichen Qualifikation der That nicht begründet ist, aus praktischen Gründen häufig in eine auch auf den Anspruch selbst sich erstreckende Untersuchung eingetreten werden muss [14]), dass aber, sobald diese Untersuchung die prozesshindernde Thatsache bezw. die Unzulässigkeit der Strafklage herausgestellt hat, „das dennoch begründete Prozessrechtsverhältniss (weil nichtig) durch Einstellung, nicht durch Sachurtheil zu enden hat" [15]).

---

[14]) Vgl. Schanze a. a. O. S. 483 f. Note 131: „Begrifflich sind Sachbegehren und Prozessbegehren sowie die bezüglichen Untersuchungen immer auseinander zu halten. Werden letztere aus praktischen Gründen vereinigt, so ist die Bedeutung der das Sachbegehren betreffenden Untersuchung vorläufig nur eine eventuelle, erst mit der Bejahung des Prozessbegehrens erlangt sie definitive Bedeutung."

[15]) Binding a. a O. S. 808 f. Ziff. II,1 sowie S. 613 (in Bezug auf den Mangel des Antrags): „die Einstellung bedeutet die Unzulässigkeit der Be-

c) Unerfindlich ist, wie „aus St.-P.-O. § 259 in Verbindung mit § 262,₃ mit Bestimmtheit" sich ergeben soll, „dass das Gericht des Rechtes auf Sachurtheil durch die Verjährung nicht verlustig geht" (Binding l. c. S. 830). Es ist nicht richtig, dass § 262 „gerade die Findung des Sachurtheils behandle," zu welchem doch auch die Entscheidung der Straffrage gehört, sondern derselbe befasst sich lediglich mit der Entscheidung der Schuldfrage und enthält in Abs. 3 die (ganz überflüssige) Bestimmung, dass die Frage der Verjährung nicht zur Schuldfrage gehört. Da nun die Verjährung ebensowenig zur Straffrage gehört[16]), welche die Bejahung der Schuldfrage und natürlich umsomehr die Möglichkeit einer solchen Bejahung zur Voraussetzung hat, so bleibt wohl nur übrig, die Verjährung als eine prozessuale Vorfrage zu betrachten, deren Bejahung den Prozess ohne richterliche Entscheidung über Schuld- und Straffrage, nämlich mittels Einstellung beendet. Dass zu dem gleichen Ergebniss auch das richtige Verständ-

gründung des Prozessrechtsverhältnisses". Gleichwie nun die Einstellung erfolgen muss, auch wenn sich das Antragserforderniss erst im Laufe der Hauptverhandlung und erst nach dem Schuldigverdikt der Geschworenen ergiebt, obwohl hier der Prozess in Bezug auf das vermeintliche Offizialdelikt ordnungsmässig eröffnet und bis zu diesem Zeitpunkte der konstatirten mangelnden Prozessvoraussetzung durchgeführt worden war, so muss das Gleiche auch im Falle der Strafklageverjährung gelten, wenn die Feststellung dieser Thatsache erst in der Hauptverhandlung und nachdem „sich das Gericht scheinbar ein Urtheil über die juristische Beschaffenheit der That" gebildet hat (ebendas. S. 831), erfolgen konnte. — Mit den oben im Texte gegebenen Ausführungen völlig übereinstimmend Olshausen zu § 66 St.-G.-B. Nr 8.

16) Von Binding selbst anerkannt S. 831: „. . . es ist falsch, die Entscheidung über die Verjährong als Theil der Entscheidung über die Straffrage zu betrachten; auch St.-P.-O. § 262., thut dies nicht: das Gesetz erklärt nur die Verjährung für nicht zur Schuldfrage gehörig".

niss des § 266,₄ St.-P.-O. führt, habe ich schon oben S. 31 Note 34 berührt [17]).

d) Endlich erscheint es gerade vom Standpunkte Bindings, welcher den prozessualen Grundcharakter der Verfolgungsverjährung urgirt, als ungerechtfertigt, wenn derselbe (S. 831 Note 28 i. f.) meint, es solle wegen der mittelbaren Rückwirkung des Erlöschens der Strafklage auf den materiellen Strafanspruch „diese Folgethatsache des Unterganges des Strafrechts auch prozessualisch im freisprechenden Urtheile sich ausdrücken." Letzteres wäre nur statthaft, wenn entweder die Freisprechung nicht Sachentscheidung wäre oder wenn das Sachurtheil nicht eine zulässige Strafklage (nach Binding „die Anerkennung des Strafklagerechts") zur Voraussetzung hätte. Wird durch die Verjährung nach der ihr im Gesetz gegebenen Gestalt [48]) zunächst nur die Strafklage

---

[17]) Allerdings erklärt Binding S. 830 Note 20 meine Bezugnahme auf § 266,₄ St.-P.-O., „wonach eine Freisprechung wegen Verjährung schon durch die gesetzlichen Anforderungen an die Entscheidungsgründe ausgeschlossen sein soll", für nicht verständlich: „der Angeklagte ist eben nicht für überführt zu erachten". Allein dieser Einwand ist kaum ernsthaft zu nehmen und es würde derselbe jedenfalls eine von seinem Autor nicht beabsichtigte Tragweite haben. § 266,₄ setzt doch augenscheinlich voraus, dass in der auf Grund einer zulässigen Strafklage durchgeführten Hauptverhandlung eine Ueberführung unternommen, aber nicht gelungen ist, hat aber entfernt nicht den Fall im Auge, dass wegen Unzulässigkeit der Strafverfolgung eine Ueberführung gar nicht statthaft und selbst der etwa bereits durch das Schuldigverdikt erfolgten „sog. Feststellung Glauben zu versagen, die Antwort auf die Schuldfrage als keine Antwort" (l. c. S. 832) zu betrachten wäre.

[48]) Gerade um deswillen, weil das Gesetz die von ihm im letzten Grunde beabsichtigte Anspruchsverjährung in der Form der Strafklageverjährung verwirklicht hat, ist der von Binding (S. 833 Note 28 Ziff. 1 i. f) gegen Olshausen und mich gerichtete Tadel hinfällig, dass wir im Widerspruch mit unserer materiell-rechtlichen Auffassung der Verjährung „für ein Einstellungs-

ausgeschlossen, dann hat das Urtheil, welches die verjährte Anklage zurückweist, nicht über die Sache selbst zu entscheiden, sondern lediglich die Unzulässigkeit einer solchen Entscheidung auszusprechen. Dass letzterer Ausspruch im praktischen Resultate auf dasselbe hinauskommt, wie eine Freisprechung, berührt nicht die Verschiedenheit des juristischen Charakters und gestattet nicht eine Vertauschung der Formulirung. Wäre übrigens ein freisprechendes Urtheil gegenüber der verjährten Strafklage zulässig oder geboten, dann müsste das Gleiche aus gleichem Grunde auch gegenüber der verbrauchten oder durch Abolition beseitigten Strafklage gelten, da auch hier der Untergang des Strafrechtes Reflexwirkung der Zerstörung der Klagfähigkeit ist. Indem Binding in diesen letzteren Fällen Einstellung, bei der Verjährung aber Freisprechung fordert, behandelt er wesentlich gleichartige Fälle verschieden und verleugnet er die Forderung der juristischen Konsequenz.

Durch die vorstehenden Ausführungen sollte die in meiner früheren Abhandlung vertretene Auffassung, dass die heutige Kriminalverjährung[19]) ein gemischtes, theils materiell- theils

urtheil plaidiren". Es dürfte vielmehr gerade unser Verdienst sein, gegenüber der bisher herrschenden Ansicht den gemischten Charakter des Instituts durch Betonung seiner prozessualen Einkleidung und der hiermit verbundenen rechtlichen Wirkungen klargestellt zu haben. Mit besserem Rechte lässt sich jener Vorwurf (nur in umgekehrter Richtung) gegen Binding selbst erheben, welcher die Verfolgungsverjährung als ein ihrem Grund und Wesen nach prozessuales Institut auffasst, dieselbe aber materiell-rechtlich (als Erlöschung des Strafrechtes) in die Erscheinung treten lässt und hiemit den Standpunkt des Gesetzes in sein Gegentheil verkehrt.

19) Und zwar in ihren beiden Arten der Strafverfolgungs- und der Strafvollstreckungsverjährung, deren Parallelismus ein durchgreifender ist. Wenn sich

prozessrechtliches Institut sei, bekräftigt und gegen die inzwischen erhobene Anfechtung vertheidigt und gefestigt werden.

auch die gegenwärtigen Erörterungen aus naheliegenden Gründen vorzugsweise mit der für die juristische Konstruktion interessanteren und schwierigeren Verfolgungsverjährung beschäftigt haben, so wurde doch von vornherein und wiederholt der übereinstimmende Charakter und Aufbau beider Arten der Verjährung betont und mag hier noch einmal Veranlassung genommen werden, gegen die Ansicht Binding's, welcher im geraden Gegensatze zu Olshausen § 66 St.-G.-B. Nr. 14 die Vollstreckungsverjährung als ein rein materiell-rechtliches Institut betrachtet, Widerspruch zu erheben. Allerdings gehört auch die Vollstreckungsverjährung, wie die Verjährung der Strafverfolgung, ihrer Idee und ihrem letzten Grunde nach dem materiellen Rechte an, insofern es auch bei ihr auf Vernichtung des (judikatmässig festgestellten) materiellen Strafanspruchs abgesehen ist. Aber diese Zerstörung des Strafanspruchs wird auch hier nicht direkt (etwa durch eine Vorschrift: die rechtskräftig erkannte Strafe fällt weg), sondern sie wird in prozessualer Form und mit der durch diese Form bedingten Wirkung herbeigeführt, indem die Vollstreckung der bis zum Eintritt der Verjährung noch nicht zum Vollzuge gelangten Strafen ausgeschlossen wird. Deshalb, weil es sich nach der gesetzlichen Einkleidung nicht um unmittelbare Verjährung des Strafanspruchs selbst, sondern der prozessualen Vollstreckungsbefugniss handelt, bleiben von dieser Verjährung diejenigen (Neben-) Strafen unberührt, welche keiner besonderen Vollstreckungshandlung bedürfen (wie die Strafen des Verlustes der bürgerlichen Ehrenrechte oder einzelner derselben oder der Unfähigkeit zur eidlichen Vernehmung als Zeuge oder Sachverständiger) oder welche mit der Strafverbüssung nicht in innerem Zusammenhange stehen, sondern einen eminent polizeilichen Charakter haben (wie nach ausdrücklicher Bestimmung des § 38., St.-G.-B. das Recht der höheren Landespolizeibehörde, den Verurtheilten auf bestimmte Zeit unter Polizeiaufsicht zu stellen, imgleichen auch kraft unbedenklicher Analogie das Recht derselben, den zur Haft Verurtheilten bis zu zwei Jahren in ein Arbeitshaus unterzubringen oder zu gemeinnützigen Arbeiten zu verwenden, vgl. auch Binding l. c. S. 854), während allerdings die Vollstreckung der Einziehung und Unbrauchbarmachung von Gegenständen (§§ 40 f. St.-G.-B.) mit der Vollstreckung der Hauptstrafe hinwegfallen dürfte, vgl. H. Meyer Lehrb. (4. Aufl.) S. 389. Würde das Gesetz den staatlichen Strafanspruch selbst zum unmittelbaren Objekt der Verjährung gemacht haben, so müssten mit dem Eintritt der letzteren alle Straffolgen wegfallen bezw. deren Fortdauer cessiren und es wären die vorhin angeführten Ausnahmen prinzipwidrige Besonderheiten, während dieselben mit der auch dieser Verjährung gegebenen pro-

Es erübrigen noch einige Schlussbemerkungen, um in grossen
Strichen die rechtliche Bedeutung und Tragweite dieser Auffassung zu markiren.

Ist die Kriminalverjährung ihrem Grundgedanken nach
ein materiell-rechtliches Institut, wurzelt sie „in Rücksichten
auf das Strafrecht," dann gehören auch die gesetzlichen Vorschriften, welche die positiven und negativen Bedingungen
derselben regeln (Dauer, Beginn und Berechnung der Verjährungsfristen, Stillstand und Unterbrechung der Verjährung)
dem materiellen Rechte an : eine Aenderung dieser Vorschriften
ist als eine Aenderung des materiellen Strafrechts zu betrachten
und darum nach § 2, St.-G.-B. zu beurtheilen, wonach bei
Verschiedenheit der Gesetze von der Zeit der begangenen
Handlung bis zu deren Aburtheilung[50]) das mildeste Gesetz

---

zessualen Einkleidung (als Hemmung „der Thätigkeit der Vollstreckungsbehörden,
wie sie ohnedies nach Vorschrift der St.-P.-O. Buch VII Abschn. 1 zu entwickeln
sein würde", Olshausen zu § 66 St.-G.-B. Nr. 14) im Einklang oder wenigstens
nicht im Widerspruch stehen.

[50]) Seinem Wortlaute nach findet darum § 2., St.-G.-B. auf die Vollstreckungsverjährung der §§ 70 ff. keine Anwendung, weshalb vielfach die Ansicht vertreten wird, dass die Vollstreckung der vor Geltung des R.-St.-G-B. rechtskräftig
erkannten Strafen überhaupt nicht oder lediglich nach Massgabe der betreffenden
früheren Gesetze verjähre, so insbesondere Olshausen zu § 2 St.-G.-B. Nr. 13,
Heinze in v. Holtz. Handb. d d. Strfrs. II, S. 21, Hälschner gem. d. Strfrt.
I S. 126 u. 129 Gleichwohl dürfte die gegentheilige Meinung (s. insbes. v.
Liszt, Lehrb. S. 80 u. Binding, Handb. S. 266 f.) den Vorzug verdienen, da
§ 70 ff., insofern sie beim Vorhandensein der hier statuirten Bedingungen jede
Vollstreckungshandlung untersagen, zugleich prozessualen Charakter haben und
darum vom Tage ihrer Geltung an „unbedingte Anwendbarkeit heischen, auch wenn
§ 2., nicht existirte" und weil nach dem Grundgedanken des letzteren „das neue
mildere Recht soweit zur Anwendung kommen soll, als dies ohne Abänderung
der früheren Urtheile möglich ist".

anzuwenden ist[51]), — ein Verstoss gegen jene Vorschriften
(wenn z. B. das Vorliegen der Verjährung rechtsirrthümlich
verneint und auf Strafe erkannt wird oder umgekehrt) enthält
eine Verletzung materieller Rechtsnormen, womit aber in der
Regel zugleich eine Verletzung prozessualer Rechtsnormen
konkurrirt[52]), — die Wirkung der eingetretenen Verjährung ist
(mittelbare) Tilgung des potentiellen[53]) bezw. des bereits rechts-

---

[51]) Und zwar ist unter dem anzuwendenden mildesten Gesetze „dasjenige
zu verstehen, nach welchem der konkrete der Aburtheilung unterliegende Fall
die mildeste Beurtheilung erfährt", mithin auch dasjenige Gesetz, nach welchem
wegen eingetretener Verjährung eine Strafverfolgung und Bestrafung nicht
mehr statthaft ist, sollte auch die bezügliche Strafbestimmung desselben an sich
die härtere sein, immer jedoch mit dem Vorbehalte, dass die sämmtlichen auf
die Verjährung bezüglichen Rechtssätze der zu vergleichenden Gesetze ein Ganzes
bilden, — so mit der herrschenden Meinung Olshausen zu § 2 St.-G.-B. Nr.
17 u. 19 sowie auch Binding l. c. S. 267 f. — Von selbst versteht sich übrigens,
dass z. B. die Frage, ob eine wegen der begangenen That gegen den Thäter gerichtete Handlung des Richters vorliegt, wie sie § 68 St.-G.-B. zur Unterbrechung der Verfolgungsverjährung fordert, nach den einschlägigen Prozessgesetzen
zu beurtheilen ist.

[52]) Vgl. meine frühere Abh. S. 287 ff.

[53]) Die Frage, ob „das verjährte Delikt" (eine von vornherein unrichtige
Ausdrucksweise, da nicht das Delikt, sondern nur Strafklage und Strafanspruch
aus dem Delikte durch Verjährung erlöschen) gleichwohl noch rechtlichen Einfluss üben könne (so indem es zum Beweise der Eigenschaft eines späteren Deliktes
als Kollektivdelikt benützt wird, oder indem es bei der Strafzumessung hinsichtlich eines anderen Deliktes in Betracht gezogen wird, oder indem es im Ver-
läumdungsprozess bezw. im Prozess wegen falscher Anschuldigung zum Gegenstande des Wahrheitsbeweises gemacht wird) wird bejaht von H. Meyer a. a. O.
S. 389, Hälschner l. c. I S. 704, Heinze in v. Holtz. Handb. II S. 626,
hingegen verneint von Binding l. c. S. 826 Note 7. Letzterer Meinung ist beizupflichten und zwar liegt der Grund nicht in dem durch die Verjährung bewirkten Erlöschen des Strafanspruchs als solchen, sondern darin, dass nach dem
spezifischen Grunde und Charakter der Verfolgungsverjährung mit dem Ablauf derselben jede richterliche Untersuchung und Feststellung des behaupteten
Deliktes rücksichtlich seiner That- und Schuldseite ausgeschlossen sein soll.

kräftig festgestellten Strafanspruchs (vorbehaltlich der in Note 49
bezüglich der Vollstreckungsverjährung hervorgehobenen Ein-
schränkungen).

Da aber diese Anspruchsvernichtung in unserem positiven
Recht einen spezifisch prozessualen Ausdruck erhalten hat
und da insbesondere die Verjährung der Strafverfolgung zugleich in prozessualen Rücksichten (Beweisverdunkelung) wurzelt, so gehört dieselbe ganz wesentlich auch dem Prozess-
rechte an: die Frage, ob Verfolgungsverjährung eingetreten
sei oder nicht, bildet eine in jedem Stadium des Verfahrens
von Amtswegen zu prüfende und möglichst rasch aufzuklärende
prozessuale Vorfrage, ihre Verneinung[54] eine (negative) Prozessvoraussetzung, ihre Bejahung[55] eine Prozesshinderung:
die verjährte Strafklage ist nicht zu erheben, die gleichwohl

---

54) Es bedarf zwar, wenn der Einwand der Verjährung nicht förmlich erhoben worden ist, keiner ausdrücklichen Feststellung dahin, dass die Verjährung
nicht eingetreten sei, wohl aber muss im Falle stillschweigender Verneinung
derselben das ergehende Instanzurtheil die nöthigen thatsächlichen Feststel-
lungen (insbesondere bezüglich der Zeit der Thatverübung) zur Beurtheilung der
Verjährungsfrage enthalten, widrigenfalls „eine Revision erfolgreich auf eine solche
Unterlassung gestützt werden kann, weil dadurch die prozessualische Rechtsnorm
verletzt ist, dass das Nichtvorliegen eines Prozesshindernisses feststehen muss",
Olshausen zu § 66 St.-G.-B. Nr. 10.

55) Diese Bejahung hat, wenigstens in dem die Hauptverhandlung abschliessen-
den Urtheil, nach dem allgemeinen Grundsatze in dubio mitius auch dann statt-
zufinden, wenn die Zeit der Begehung der strafbaren Handlung nicht hinreichend
genau zur Beurtheilung der Verjährungsfrage festgestellt werden kann, wenn also
nach der thatsächlichen Feststellung die Möglichkeit besteht, dass der Zeitpunkt der Verübung hinter der Verjährungsfrist zurückliege: denn es handelt
sich hier nicht um einen rein materiell-rechtlichen Strafaufhebungsgrund im Sinne
des § 259., St.-P.-O., dessen Vorliegen positiv festgestellt werden muss, sondern
„vielmehr darum, dass das Nichtvorliegen des Prozesshindernisses der Verjährung
feststehe", Olshausen l. c. Nr. 10, vgl. auch H. Meyer Lehrb. (4. Aufl.) S. 375*

erhobene, wenn ihre Verjährung prima facie erkenntlich ist, zurückzuweisen, — ergiebt sich die Thatsache der Verjährung erst in der eingeleiteten Voruntersuchung, so ist die Eröffnung des Hauptverfahrens abzulehnen und der Beschuldigte ausser Verfolgung zu setzen, — wird das Vorliegen der Verjährung erst nach Eintritt in die Hauptverhandlung erkannt, so hat das nunmehr ergehende Urtheil von einer Beantwortung der Schuldfrage (unter Ignorirung einer etwa gleichwohl schon erfolgten Bejahung derselben) und darum überhaupt von einer Sachentscheidung abzusehen und wegen des vorliegenden Prozesshindernisses lediglich auf (definitive) Einstellung, mit welcher Consumtion des Strafanspruchs verbunden ist, oder auf Unzulässigkeit der Strafverfolgung zu lauten. Ein Rechtsirrthum des Instanzgerichtes bezüglich der Verjährung begründet die Revision wegen Verletzung prozessualer Rechtsnormen, und zwar nicht bloss dann, wenn sich der Irrthum gerade auf den prozesshindernden Charakter der Verjährung, sondern auch dann, wenn er sich auf die (zunächst materiell-rechtlichen) Bedingungen derselben bezieht, weil und sofern dadurch auch ihr prozesshindernder Charakter berührt bezw. verläugnet wird[56]).

---

[56]) Vgl. meine frühere Abh. S. 288 ff. und die daselbst gegebenen näheren kasuistischen Ausführungen.

ZU

CICERO DE LEG. II. CAP. 19-21.

VON

HUGO BURCKHARD.

4

Als ich Ihnen, verehrter Freund, eines Abends in einer Plauderstunde von einer mich gerade beschäftigenden juristischen Frage, der Sie lebhaftes Interesse entgegenbrachten, zu sprechen begonnen hatte, wurden wir unterbrochen. Die Gelegenheit zur Fortsetzung des Gesprächs hat sich nicht gefunden. Gestatten Sie, dass ich es in dieser Form, bei der ich freilich als allein Redender des Vorzugs Ihrer anregenden Einwendungen entbehren muss, fortführe, und nehmen Sie zu Ihrem Ehrentage, der Ihnen wohlverdiente Ehrungen bringt, die kleine Gabe, die sich ihres Minderwerthes wohl bewusst ist, mit dem freundlichen Wohlwollen auf, mit dem Sie der mündlichen Darlegung meiner Ansichten jeder Zeit geneigtes Gehör gewähren.

Die Stelle Cicero's über die sacra privata ist von Seiten der Philologen wie der Juristen so oft zum Gegenstande gründlicher Untersuchung gemacht worden, dass Neues darüber kaum gesagt werden zu können scheint. Aber über der Hauptfrage, mit welcher diese Untersuchungen, namentlich die der Juristen, sich beschäftigen, der Frage nämlich, welchen Personen beim Tode des paterfamilias die Verpflichtung zu den sacra obliege, welches die Bedeutung der drei Klassen der antiqui und der fünf Klassen des Scaevola und wie das Verhältniss der alten und der neuen Klassen zu einander zu bestimmen sei, ist eine dem gegenüber freilich weniger wichtige Nebenfrage übersehen

4*

worden oder doch zu kurz gekommen; wo sie berührt wird,
ist es theils bei flüchtigster Berührung geblieben, so dass bisweilen gar nicht erkannt werden kann, ob dem betreffenden
Schriftsteller die Frage überhaupt als eine aufzuwerfende zum
Bewusstsein gekommen ist, theils lautet, wo eine Antwort versucht wird — und das ist namentlich bei den Philologen der
Fall —, dieselbe so, dass sie als zweifellos irrig zurückgewiesen
werden muss.

Es ist der Satz im cap. 20, § 50:

> in donatione hoc idem secus interpretantur, et quod
> paterfamilias in eius donatione, qui in ipsius potestate
> est, adprobavit, ratum est, quod eo insciente factum
> est, si id is non adprobat, ratum non est [1].

den ich im Auge habe und der, wenn auch nicht den alleinigen
Inhalt, so doch den Ausgangspunkt der folgenden Erörterung
bilden soll.

Was für eine Schenkung ist es, um die es sich hier handelt?
Wer ist der schenkende paterfamilias, der entweder in eigener
Person schenkt oder die Schenkung seines Hauskindes gestattet, bezüglich nachträglich ratihabirt? Was ist es, was die
pontifices, und zwar die Scaevolae, hier anders interpretiren?
Und was ist dasjenige, was vorher Gegenstand der Interpretation ist und wovon eben bei solcher Schenkung die Interpretation abweicht?

---

[1] Ich folge im Wesentlichen dem Texte, den Huschke Iurispr. anteiust. 5.
Aufl. p. 58 ff. giebt. Huschke seinerseits legt, wenn auch mit Abweichungen
im Einzelnen, die neueste Recognition von Vahlen (Berlin 1881) zu Grunde.
Die in den älteren Ausgaben, namentlich von Moser-Creuzer, Bouillet, Bake,
Feldhügel, Baiter gegebenen bezüglich angeführten Lesarten sind, soweit es nöthig
schien, zu Rath gezogen worden.

Balduinus, Savigny, Leist [2]) gehen über die Frage
mit Stillschweigen hinweg; letzterer trotz der sorgfältigen und
eingehenden Erörterung, die er der ganzen Darstellung Cicero's
im Uebrigen widmet, ersterer sagt nur: quod de legato dictum
est, non dici de donatione, Cicero indicat, und bemerkt hinsichtlich der Worte et quod paterfamilias etc., dass dieser
an sich ganz richtige Satz, der sich in allen Handschriften
findet, hierher ganz und gar nicht passe und dass er ihn darum
für ein aus der Anmerkung eines ungeschickten Interpreten
stammendes Einschiebsel halte [3]). Hölder, der sich mit dem
schenkenden filiusfamilias nicht beschäftigt, sieht in der donatio
eine mortis causa donatio des Verstorbenen [4]) und fasst das secus
interpretari als Anerkennung einer Verschiedenheit zwischen
Erwerb durch mortis causa donatio und Legat in der Richtung,
dass beim Legat und nur beim Legat unterschieden werde
zwischen Zuwendung und Erwerb und neben der letztwilligen
Zuwendung der maior pars des Nachlasses noch das inde quippiam capere erforderlich sei, während bei der Zuwendung
durch Schenkung, die überhaupt ohne Einwilligung des Beschenkten nicht möglich, dieser Unterschied zwischen Zuwendung und Erwerb wegfalle [5]).

---

2) Balduinus Iurispr. Muciana (in Iurispr. Rom. et Att. I. p. 468—473),
Savigny Verm. Schr. I. S. 151 ff. (Zeitschr. f. gesch. Rechtswissensch. II. S. 362
ff.), Leist in Forts. von Glück's Comm. Serie der Bücher 37. 38. I. S. 165 ff.,
bes. S. 173 ff.

3) p. 472: sed quod adicitur de donatione a filiofamilias dicta, nihil ad id
quo de agitur pertinere videtur, et suspicor ex alicuius inepti interpretis annota-
tione temere assutum esse.

4) Hölder Beitr. z. Gesch. des röm. Erbrechtes S. 139: „dass die Worte
morte testamentove capere (in der zweiten Klasse des Scaevola) neben dem Legat
die Schenkung nennen, bestätigt Cicero ausdrücklich in cap. 20, indem er auf
einen zwischen der mortis causa donatio und dem Legat bestehenden Unterschied
eingeht."

5) a. a. O. S. 140 a. E.

Von den philologischen Erklärern nehmen die Meisten (bei
Einigen ist nicht zu erkennen, was sie meinen) mortis causa
donatio an, verquicken aber, im Gegensatz zu Balduin, der
lediglich das in donatione hoc idem secus interpretantur bei-
behalten wissen will, den Satz et quod paterfamilias etc. mit
jenem in einer Weise, als ob das secus interpretari und die
donatio eben nur von einer Schenkung des Haussohnes verstanden werden könne. Es mögen einige dieser Erklärungen
hier eine Stelle finden: sie werden zeigen, dass der Jurist beim
Philologen eine Hilfe für das Verständniss des Ciceronianischen
Passus nicht findet.

Turnebus merkt in seinem Kommentar [6]) zu den Worten
„in donatione“ und „quod paterfamilias“ an: in qua nec de-
ductionem sollennem centum nummorum, nec si minus capias,
prodesse putant, nisi nominatim donationem paterfamilias approbarit. Filiusfamilias sine patris voluntate donare non potest,
qua cessante inhibetur donatio: ac ne cuilibet quidem, etsi liberam
peculii administrationem habeat, peculium donare potest; itaque
si liberationem sacrorum donaverit eamque rem remiserit vel
cohaeredi futuro vel legatario quadam donatione, nisi testator
id approbarit, ratum non est. Eine wahre Blüthenlese von Irr-
thümern und Widersprüchen. Die solennis deductio und das
minus capere soll bei der Schenkung nichts nützen, ausser wenn
der paterfamilias die Schenkung genehmigt hat! Die deductio
kommt doch nur im Testamente vor — wie soll die Genehmigung einer Schenkung durch den Gewalthaber sie bei ihr anwendbar machen? Und wie soll das minus capere, wenn es
an sich bei einer Schenkung nichts nützt, bei einer überhaupt
erst mit solcher Genehmigung gültigen Schenkung Wirksamkeit erlangen? Und während erst von einer Schenkung durch

---

[6]) Cicero de leg. Ed. Moser-Creuzer 1824, p. 669.

dare gesprochen, mithin der Beschenkte dem Legatar entgegengesetzt wird, ist unmittelbar darauf vom schenkweisen Erlass der Verpflichtung zur Prästation der sacra die Rede, die der im Testament eingesetzte Haussohn gegenüber dem Miterben oder dem Legatar mit Genehmigung des Testators vornimmt — als ob der Erblasser einen an sich Sacralpflichtigen durch seinen Willen von dieser Pflicht befreien könnte!

Manucius (bei Moser-Creuzer p. 313) scheint anzunehmen, dass Cicero wegen des secus interpretari den Scaevolae den Vorwurf der Inkonsequenz mache, indem er dasselbe so erklärt: dissentiunt a se ipsis, in testamento enim, quod scriptum non est, probant, in donatione vero filiifamilias, si donavit insciente patre, non probant. Soll dies überhaupt einen Sinn haben, so kann es nur der sein: wenn es sich um das in einem Testamente hinterlassene Legat handelt, so ist ein minus capere gültig, auch ohne dass im Testament der hierauf gerichtete Wille des Testators ausgedrückt ist, also ohne Anordnung der deductio; mit diesem Satze, dass auf den Willen des Verstorbenen nichts ankomme für die Zulässigkeit des minus capere, befinden die Scaevolae sich im Widerspruch, wenn sie bei einer vom Haussohne ausgehenden Schenkung das minus capere nicht zulassen ohne den Willen des Verstorbenen. Nach Manucius müssten sie also, um in Einklang mit sich selbst zu bleiben, auch bei einer Schenkung des Haussohns das minus capere ohne den Willen des Verstorbenen zulassen. Ganz abgesehen davon, dass bei einer Schenkung der Wille des zu Beschenkenden von Haus aus für die Annahme entscheidend ist, handelt es sich hier bei der Approbation des Vaters nicht um die Zulässigkeit des minus capere gegenüber einer gültigen Schenkung, sondern um die Gültigkeit der Schenkung selbst: nicht für das minus capere, sondern für die Schenkung ist der Wille des Vaters nothwendig, denn ohne diesen ist die ganze Schenkung unwirksam, und selbst wenn der Beschenkte die ganze Schenkung vom Haussohne annehmen wollte, würde sie ohne die Genehmigung des Vaters keinen Bestand haben. Mit dem Satze, dass eine nicht appro-birte Schenkung des Haussohns ungültig ist, kommen die Scaevolae natürlich nicht in Widerspruch mit dem erst aufge-stellten Satz, dass ein Legatar auch ohne ausdrückliche Ge-stattung des Testators zum minus capere berechtigt ist.

Das Bedürfniss, die durch das secus interpretari betonte Verschiedenheit und das Hereinziehen der Schenkung des Haus-sohns zu erklären, hat Wyttenbach (bei Moser-Creuzer p. 313, Feldhügel II p. 217) zu der Annahme geführt, dass Cicero nicht einfach die Schenkung dem Testamente entgegen-setze, sondern das Testament des Haussohns der Schenkung des Haussohns: nam in his demum est repugnantia, indem nämlich der Haussohn auch mit Erlaubniss des Vaters nicht testiren, wohl aber schenken könne. Dass wir mit dieser durch den ganzen Zusammenhang der Ciceronianischen Erörterung nicht motivirten Gegenüberstellung für das Verständniss der Stelle nichts gewinnen, ist klar. Wenn Cicero sagt: beim Legat ist das minus capere nach den Scaevolae gestattet und der Legatar, dem an sich nach der Höhe des Legats die Ver-pflichtung zu den sacra obliegen würde, macht sich dadurch von dieser Verpflichtung frei, hingegen in donatione hoc secus interpretantur, so haben wir eine Erklärung für diese Ver-schiedenheit nicht in der zwischen Schenkung und Testament des Haussohns hinsichtlich des Einflusses der väterlichen Ge-nehmigung bestehenden Verschiedenheit.

Unter Billigung der Ansicht, dass es sich bei den Worten in donatione („scil. in donatione mortis causa") um eine Schen-kung des Haussohns handele, sucht Feldhügel[7]) den Gegen-

---

7) Cicero de leg. Vol. II. p. 217.

satz zwischen Legat von Seiten des paterfamilias und Schenkung von Seiten des Haussohns mit Genehmigung des Vaters darin, dass der Legatar zum minus capere berechtigt sei, der mortis causa Beschenkte nicht, und findet den Grund in dem Umstande, dass die auf die bestimmte Summe oder Quote gerichtete Genehmigung des Hausvaters in dieser Beziehung bindend sei: quemadmodum quod pater non approbaverat, ratum non erat, ita id, quod ille approbaverat, nullo pacto stipulationibus mutari poterat, itaque ei, qui dimidia bonorum parte donatus erat, paullo minus capere non licebat. Hier ist wenigstens der Gegensatz verständig: der Legatar kann einen Theil des ihm Zugedachten ablehnen, um sich von den sacra frei zu machen, der vom Haussohn mortis causa Beschenkte nicht. Warum dies freilich nur bei einer vom Vater genehmigten Schenkung des Haussohnes und nicht auch bei einer Schenkung des Hausvaters selbst gelten soll, ist nicht ersichtlich. Und vor Allem: welch eigenthümlicher Gedanke wird hier dem Cicero und seinen von der Voraussetzung der Gültigkeit einer Schenkung des Haussohns schlechthin handelnden Worten imputirt? Der vom Haussohne mit Genehmigung des Vaters Beschenkte soll nur das Ganze annehmen können oder nichts, weil diese auf das Ganze gerichtete Genehmigung die Schenkung untheilbar macht! In der Erlaubniss des Vaters, die Hälfte seines Vermögens zu verschenken (ob dieser dem Legat der Hälfte des Nachlasses entsprechende Fall wohl je vorkommt?), liegt wohl eine Beschränkung des Sohnes dahin, dass er nicht mehr, aber nicht dahin, dass er nicht weniger verschenken darf, und ganz gewiss nicht ein Zwang für den Beschenkten, gerade nur den vollen Betrag der väterlichen Gestattung anzunehmen. Auch steht doch, wie Cicero selbst indirekt anerkennt, der von Haus aus mit Genehmigung des Vaters gemachten Schenkung die insciente eo vorgenommene dann gleich, si id is approbat, die nachträgliche Genehmigung

aber trifft natürlich auch diejenige Schenkung, die in Folge
theilweisen Ablehnens des Beschenkten auf weniger als die
Hälfte zu Stand gekommen ist: es hätten also, wenn Cicero
jenen Satz im Auge gehabt hätte, die beiden Fälle nicht in
dieser Weise gleich behandelt werden können, sondern der
Fall der anfänglichen Genehmigung hätte von dem der später
erfolgten Ratihabition geschieden werden müssen. Und selbst
wenn man sich durch diese Bedenken nicht irre machen lassen
und an sich zugeben wollte, dass der einmal auf den bestimmten
Betrag gerichtete Wille des Vaters nur die Wahl lasse zwischen
Annahme und Ablehnung des Ganzen, warum sollte dies beim
Legat anders sein? Ist der im Legat ausgesprochene Wille
des Testators in dieser Beziehung von geringerer Kraft als der
in der Genehmigung der Schenkung des Sohns zu Tag tretende?
Warum soll dort das minus capere ohne Willen des paterfamilias zulässig sein, hier nicht? Gilt ja doch im Gegentheil
beim Legat an sich der Satz, dass der nur einen Theil An-
nehmende als das Ganze annehmend behandelt wird *), während
bei der Schenkung, die von vornherein ohne Acceptation nicht
möglich ist, die Annahme bloss eines Theils die Schenkung
eben auch nur zu diesem Theile zu Stande kommen lässt.

Das Angeführte wird genügen zur Begründung des oben
ausgesprochenen Urtheils, dass wir in unseren juristischen
Zweifeln bei den Philologen vergeblich Aufschluss suchen. Dass
aber solche Zweifel bestehen, darüber darf das Schweigen der
mit der Erörterung Cicero's eingehender sich beschäftigenden
Juristen nicht täuschen.

Prüfen wir zunächst die Bedeutung des ersten Satzes: in
donatione hoc idem secus interpretantur. Denn dieser Satz ist

---

*) Vgl. hierüber unten Anm. 71.

ein selbständiger und bezieht sich nicht, wie Wyttenbach u. A. wollen, ausschliesslich auf die Schenkung des Haussohns, er handelt von der Schenkung eines nicht in väterlicher Gewalt Stehenden, und das „et" quod paterfamilias in eius donatione etc. leitet deutlich einen neuen Gedanken ein. Zwar will Lambinus (bei Moser-Creuzer p. 315), offenbar von jener falschen Ansicht ausgehend, das et streichen, aber es erscheint dies weder nach dem sachlichen Zusammenhang begründet, noch gegenüber der übereinstimmenden Lesart aller Handschriften gerechtfertigt. In welcher Beziehung dieser zweite Satz mit dem vorangehenden steht, wird sich nach Feststellung des Sinnes des letzteren leicht ergeben.

Nichts scheint näher zu liegen — und das ist wohl die Meinung der Meisten[9]), auch derjenigen, die sich nicht wie Hölder bestimmt dafür aussprechen — als die Annahme, Cicero handele hier im Gegensatz zur Vergabung durch Legat von der Zuwendung durch mortis causa donatio von Seiten des Verstorbenen. Cicero hat unmittelbar vorher gesagt: für den Fall einer partitio legata[10]) haben die Scaevolae die Kautel eingeführt, dass der Legatar, wenn der Testator nicht durch Anordnung einer deductio Fürsorge für ihn getroffen hat, sich selbst helfen und von den sacra frei machen kann, indem er das für das Freisein von der Sacralpflicht entscheidende Resultat, nicht tantundem quantum omnibus heredibus relictum est zu

9) Ueber die abweichende Meinung von de Caqueray u. Huschke vgl. unten S. 41 ff.

10) Quom est partitio. So richtig statt quod Davis (cum) und Madvig (quom), vgl. Feldhügel II, 216. Ueber verschiedene missglückte Aenderungsversuche vgl. dens. p. 217. Unbegründet Bake, quod est partitio sei interpolirt aus § 53; verkehrt Gronovius De sestertiis seu subseciv. veter. pecun. Graec. et Rom. lib. IV. cap. 7. p. 672: dat hoc Scaevola partitionis caput, ut si in testamento deducta sacra non sint etc.

haben, dadurch herbeiführt, dass er in Folge eigenen Willens-
entschlusses minus capit, also nicht die ganze durch das legatum partitionis ihm zugewandte Hälfte des Nachlasses in Anspruch nimmt. Wenn nun in unmittelbarem Anschluss hieran
der Satz folgt: in donatione hoc idem secus interpretantur und
wenn man festhält, dass die zweite Klasse des Scaevola (qui
morte testamentove eius tantundem capiat quantum omnes heredes)
mit ihrem morte testamentove capere zweifellos neben dem Er-
werbe kraft Legats, der testamento d. h. durch das nach dem
Tode wirksam werdende Testament begründet ist, den Erwerb
kraft mortis causa donatio, der unmittelbar morte perfekt wird,
umfasst [11]), dass aber von der mortis causa donatio sonst nirgends in der Erörterung Cicero's die Rede ist, so scheint der
Gegensatz sich als selbstverständlich zu ergeben: wenn es sich
um ein Legat handelt (quom est partitio), dann greift die Kautel
platz, wenn eine mortis causa donatio in Frage steht (in donatione), dann nicht.

Und doch kann dies unmöglich der Sinn sein.

Zum Beweise dessen und um zugleich das Fundament für
die eigene Ansicht zu legen, müssen wir den ganzen Zusammenhang der Ciceronianischen Darstellung betrachten, wobei einerseits manches zwar an sich, aber nicht für unseren Zweck
Wichtige — wie namentlich die Frage nach der Bedeutung
der übrigen Klassen der Sacralpflichtigen und im Besonderen
die Frage, ob die zweite Klasse der antiqui sich wie die dritte
Klasse des Scaevola auf die usucapio pro herede bezieht oder
ob sie von der mortis causa donatio handelt [12]), welchen Falls

---

11) Vgl. Leist a. a. O. S. 167. Hölder a. a. O. 139.

12) Letzteres nimmt Hölder S. 138 f. an. So schon Turnebus Comm. ad
Cic. de leg, v. Maiorem (Moser-Creuzer p. 668): ut qui, verbi gratia ex dona-
tionis causa; ex his enim, qui plurimum ceperint, adstringentur. Vgl. auch

die zweite Klasse des Scaevola sich mit der zweiten und dritten
Klasse der antiqui decken würde, sowie die Frage, welches das
Verhältniss dieser Klassen zu einander ist und speziell, ob der
Erbe beim Vorhandensein eines die maior pars bezüglich tantundem erhaltenden Legatars von den sacra frei ist oder ob
und wie beide nebeneinander haften, Fragen, hinsichtlich deren
wir schwerlich je über Vermuthungen hinaus kommen werden
— ausser Acht zu lassen, andererseits einige weitere zu Zweifeln
Anlass gebende und allgemeineres Interesse bietende Punkte,
auch wenn sie nicht in unmittelbarer Beziehung zu unserem
Ausgangspunkte stehen, mit zu erörtern sind.

Unter den von Cicero (II. cp. 8 und 9) aufgestellten leges
findet sich (cp. 9 § 22) auch die Bestimmung: sacra privata perpetua manento. An ihre Erörterung erinnert ihn Atticus (cp. 18)
mit der Bemerkung, dass er auf dieselbe besonders gespannt
sei, weil sie sich zugleich auf das ius pontificium und das ius
civile beziehe [13]). Cicero benutzt diese Gelegenheit, um in be-
liebter Weise den Juristen einen doppelten Hieb zu versetzen:
Mangel an Methode und Umsturz des pontificalen Rechts ist
es, was er ihnen vorwirft. Er eröffnet seine Auseinandersetzung
mit der Erklärung, dass er, auf welche Art von Gesetz auch
dieselbe ihn führen werde, stets das darauf bezügliche ius civile
so angeben wolle, dass der locus ipse, ex quo ducatur quaeque
pars iuris, erkennbar werde und danach für einen Verständigen
nicht schwer sei, quaecumque nova causa consultatione acciderit,
eius tenere ius, da man dann eben wisse, a quo capite sit repe-

---

Rudorff, Rechtsgesch. I. § 24. N. 7: „seit der Lex Voconia trägt die sacra, qui
morte testamentove tantundem capiat quantum omnes heredes (vorher qui maiorem
partem pecuniae capiat)“.

13) Vgl. auch Cicero de leg. II. c. 23. § 58: video quae sint in pontificio
iure, sed quaero, ecquidnam sit in legibus.

tenda[14]). Das gerade ist der entweder auf bösem Willen oder auf Dummheit beruhende Fehler der Juristen, dass sie id quod in una cognitione est positum, in infinitam dispertiuntur, und das haben sie auch in dieser Materie von den sacra gethan, indem sie durch Hereinziehen der Rechtswissenschaft dieselbe zu einer weitschweifigen Lehre von Einzelheiten ausgebildet haben. Das Civilrecht, dessen Kenntniss Publius Mucius Scaevola unter Billigung seines Sohnes Qu. Mucius Scaevola für einen guten pontifex für unerlässlich hält, braucht man doch höchstens insoweit zu kennen, als es mit der Religion zusammenhängt, also hinsichtlich der sacra, vota, feriae, sepulcra u. dgl. Von diesen Dingen ist alles Uebrige (nämlich die vota, feriae, sepulcra) ganz unbedeutend, und nur die Lehre von den sacra nimmt einen grösseren Raum ein, aber hierfür genügt vollständig der eine Satz: ut conserventur semper et deinceps familiis prodantur et, ut in lege posui (cap. 9 § 22), perpetua sint sacra. Dieser Satz, wonach die Verpflichtung zu den sacra durch Uebergang auf die familia dauernd erhalten wird, ist der ursprüngliche und ein uralter[15]): an ihm hat auch die pontificum auctoritas insofern nichts geändert als auch nach ihr an erster Stelle, und zwar nicht auf Grund des materiellen Erwerbs der pecunia, sondern wegen der Fortsetzung der Persönlichkeit des Erblassers[16]), der Erbe als sacralpflichtig er-

---

11) Vgl. de orat. I. cp. 42.

15) Festus p. 290a: olim — relictus heres sicut pecuniae etiam sacrorum era. Das Sonderrecht von Arpinum (Cato lib. 2. Orig., Savigny a. a. O. S. 166 A. 3) bestätigt das nur. Vgl. auch Gai. II. 55: wenn hiernach der Zweck der Zulassung der improba usucapio der war, quod voluerunt veteres maturius hereditates adiri, ut essent qui sacra facerent, so ist damit nicht der Usucapient gemeint, sondern der civile Erbe, der durch die Besorgniss vor solcher Usucapion zum baldigen Antritt der Erbschaft bestimmt werden soll, damit in seiner Person ein für die sacra Haftender vorhanden sei.

16) Vgl. Leist a. a. O. S. 169 ff., 183.

scheint, nur dass nach dem neuen Prinzip nicht bloss die kraft
Gesetzes oder Testamentes succedirende familia, sondern auch
der durch Testament berufene extraneus heres obligirt ist. Aber
(§ 48) durch die auctoritas pontificum ist [17] — offenbar weil
jener Grundsatz in vielen Fällen nicht genügte, um den Untergang der sacra beim Tode des bisher Pflichtigen zu verhüten:
man braucht nur an die Vergabung des grössten Theils des
Nachlasses durch Vermächtnisse zu denken [18]) — ein neues
diese Gefahr ausschliessendes Prinzip aufgestellt worden: ut
sacra iis essent adiuncta, ad quos eiusdem morte pecunia venerit. Ob es Cicero wirklich Ernst ist mit der Behauptung,
dass dieser eine Satz ausreichend sei ad cognitionem disciplinae?
Gerade von ihm aus erhebt sich doch nothwendig die Frage,
wer denn diejenigen Personen sind, ad quos morte pecunia
venit, und wie bei einer Mehrheit von solchen ihr Verhältniss
zu einander hinsichtlich der Haftpflicht sich gestaltet. Nur das

---

[17] Die Lesart ist hier sehr bestritten: exposite haec iura — haec posite haec
iura — haec iura. Vgl. Moser-Creuzer p. 308, Feldhügel II. 211. Huschke
Zeitschr. f. Rechtsgesch. XI, 134 will lesen: hoc post. Das Einfachste wäre
wohl: hoc posito, wenn nicht das unmittelbar darauf folgende hoc uno posito
störte. — Entschieden zu verwerfen ist die von Madvig progr. p. 21 aufgestellte
von Feldhügel I. p. 89 gebilligte Ansicht, dass der ganze Satz von haec posite
bis venerit als unächt zu streichen sei: es ist durch das Folgende gefordert, dass die
pontificale Sentenz voransteht, denn von dem civilen Satze, ut sacra sint perpetua,
will Cicero natürlich nicht sagen, dass daraus innumerabilia nascuntur, quibus
implentur iuris consultorum libri Wie würde dazu auch das Folgende est enim
ad id quod propositum est, adcommodatum passen? Feldhügel II. 213 meint, es
beziehe sich auf das ut deinceps familiis prodantur (es passt zu dem angegebenen Zwecke, nämlich dem der Erhaltung der sacra) — aber der Legatar und
der mortis causa Beschenkte gehört doch nicht nothwendig zur familia des Verstorbenen!

[18] Zur Zeit des Ti. Coruncanius, der das neue Pecuniarprinzip schon anerkennt (§ 52), bestanden die Beschränkungen der Lex Furia und der Lex Voconia noch nicht.

kann er mit Recht verlangen, dass die Juristen dieses Prinzip als solches lehren sollen und danach erst die daraus sich ergebenden Konsequenzen, aber dass das Prinzip selbst in seinen einzelnen Konsequenzen entwickelt ist, dass nach denjenigen gesucht wird, die in Gemässheit dieses Prinzips sacris alligantur, und dass daraus innummerabilia nascuntur, quibus implentur iuris consultorum libri, daraus kann unmöglich gegen die Juristen ein Vorwurf erhoben werden [19]. — Die Personen nun, die nach diesem neuen Pecuniarprinzip sacralpflichtig sind, zerfallen nach Scaevola in fünf Klassen, während die früheren pontifices deren nur drei aufstellen. Von der Doctrin der antiqui, wonach ausser dem Erben nur derjenige haftet, an welchen die maior pars pecuniae gekommen ist, bezüglich welcher im Falle des Legats der maior pars inde quippiam ceperit, will Cicero nicht reden, er hält sich an die von Scaevola aufgestellten fünf Klassen (sed pontificem sequamur), so dass die Erwähnung der drei Klassen der antiqui nur als historische Notiz, wie es früher anders gewesen, eingeschaltet ist, zugleich als Beleg dafür, dass die Scaevolae es sind, die tam magnum illud genus faciunt. Neu war an der Lehre des Scaevola nicht nur, dass der Kreis der Sacralpflichtigen erweitert ist, sondern auch, dass nach ihr für den Fall des Legats nicht die testamentarische Zuwendung der maior pars erfordert wird, sondern, was durch die Bestimmung der inzwischen erlassenen Lex Voconia nothwendig geworden war, die Zuwendung von tantundem wie alle Erben zusammen erhalten zur Verpflichtung des Legatars genügt, andererseits aber das quippiam inde capere nicht ausreicht, sondern wirkliches capere von tantundem nöthig ist. Diese Unterschiede berührt Cicero nicht weiter; er erklärt nur hinsichtlich der

---

19) Ueber die Bedeutung der pontifices als iurisconsulti und ihre juridische Thätigkeit hinsichtlich der sacra vergl. Mommsen-Marquardt VI. S. 290 f., S. 304 f.

ersten und zweiten Klasse des Scaevola, dass er sie in der
Ordnung finde: die Haftung des Erben ist voll berechtigt, denn
er als der Repräsentant der Persönlichkeit des Verstorbenen
ist der Nächste dazu, an seine Stelle auch in dieser Beziehung
zu treten, ein Satz, der sowohl nach dem alten Prinzip sacra
familiis prodantur wie nach dem neuen Pecuniarprinzipe, wenn
ein nicht der familia Angehöriger Erbe wird, zutrifft; auch
gegen die Haftung desjenigen, qui morte testamentove eius
tantundem capiat quantum omnes heredes hat Cicero nichts
einzuwenden, denn dies ist dem aufgestellten Prinzip gemäss[20].

Ob Cicero die folgenden drei Klassen missbilligt, lässt sich
nicht klar erkennen; freilich scheint das ausdrückliche Billigen
der ersten beiden sein Schweigen beredt zu machen, aber er
konnte sich doch nicht verhehlen, dass auch diese Klassen dem

---

[20] Id quoque ordine: est enim ad id, quod propositum est, accommodatum.
Gewiss hat Hölder (a. a. O. S. 141) Recht, wenn er die Meinung Lasalle's (Syst.
der erworb. Rechte II, 49), dass diese Worte ironisch verstanden werden müssten,
indem das quod propositum est Scaevola's von Cicero perhorrescirter Neuerungs-
gedanke sei, bekämpft. Hingegen kann ich seiner eigenen Ansicht nicht bei-
stimmen, dass die Bedeutung dieses Satzes die sei: die jüngere Lehre werde
bezeichnet als angepasst demjenigen, was vorliegt, nämlich der durch die Lex
Voconia herbeigeführten Aenderung des Rechts, durch welche die zweite und
dritte Klasse des älteren Rechts (also nach Hölder mortis causa donatio und
Legat der maior pars) wegfiel. Abgesehen davon, dass diese stillschweigende
Bezugnahme auf ein 50 bezüglich 100 Jahre früher erlassenes Gesetz doch etwas
stark taciteisch wäre und wenig zu der Erklärung in § 46: ad quodcunque legis
genus me disputatio nostra deduxerit, tractabo eius ipsius generis ins civile, stimmen
würde, liegt doch der Nachdruck in dieser Stelle nicht auf dem tantundem im
Gegensatz zur maior pars, was allein die Bezugnahme auf die Lex Voconia recht-
fertigen könnte, sondern der Gedanke ist, dass derjenige, der zwar nicht als
Erbe und Repräsentant des Verstorbenen am nächsten steht, aber doch materiell
vom Nachlass ebensoviel hat wie der Erbe, diesem hinsichtlich der an die pecunia
geknüpften sacra mit Recht gleichgestellt wird. Ich kann dem quod propositum
est keinen anderen Sinn beilegen als den unmittelbar vorher gebrauchten Worten:
hoc uno posito: in dem gleichen Sinne steht § 51: his propositis. Die Aenderung in positum (Davis) ist unnöthig.

quod propositum est angepasst sind, dass sie ihre Grundlage in dem von ihm selbst gebilligten Pekuniarprinzip haben und sich als konsequente Anwendungen desselben darstellen, wenn man auch vielleicht einwenden kann, dass hier weder ein testamento noch ein unmittelbares morte pervenire vorliegt. Und in der That richtet sich sein Tadel nicht gegen den Inhalt der drei weiteren Klassen des Scaevola, sondern er will zeigen, dass es sich auch bei der grösseren Zahl der von demselben aufgestellten Klassen doch immer nur um jenes durch die auctoritas pontificum geschaffene Prinzip handelt, dass Scaevola unmethodisch das in una cognitione positum in infinitam dispertitur, sei es erroris obiciundi causa, quo plura et difficiliora scire videatur, sei es ignoratione docendi, und dass er dieses genus tam magnum facit (§ 47), während man doch bei allen diesen Klassen sieht, dass omnia pendent ex uno illo, quod pontifices cum pecunia sacra coniungi volunt (§ 50).

Soweit geht die mehr als fragwürdige Begründung des Vorwurfs, den Cicero gegen die ars docendi der Juristen, speziell der Scaevolae, erhebt. Mit den Worten „Atque etiam dant hoc Scaevolae" (§ 50) wendet er sich, aber nicht ohne noch einmal (§ 51: his propositis multae nascuntur quaestiunculae etc.) auf den ersteren zurückzugreifen, dem zweiten Vorwurf zu, den die Scaevolae nach seiner hierin zweifellos berechtigteren Meinung verdienen, einem Vorwurf, der nicht die Entbehrlichkeit der iuris civilis scientia für die pontifices (§ 47), sondern die Verderblichkeit einer Verbindung der Kenntniss von ius pontificium und ius civile darlegen soll. Dabei ist zu beachten, dass, wenn wir zunächst von dem fraglichen Satze „in donatione hoc idem secus interpretantur" absehen, die ganze Erörterung von § 50 bis zum Ende sich lediglich auf das Legat und zwar das legatum partitionis bezieht.

Ausser der Aufstellung von neuen Klassen verdanken wir

den Scaevolae[21]) auch eine Reihe von neuen Sätzen für den
Fall des legatum partitionis (quom est partitio), also wenn tantundem in der Form legirt ist: heres meus cum Titio hereditatem meam partito, dividito[22]) — Sätze, die nach Cicero ihren
Grund in dem beklagenswerthen Umstande haben, dass die
Scaevolae nicht bloss pontifices, sondern zugleich iuris civilis
peritissimi sind, denn es sind von ihnen als Juristen erfundene
Schleichwege, durch welche das pontificale Recht fast beseitigt
ist. Was soll, ruft Cicero den Missethätern zu, in dieser Materie
das ius civile und die iuris civilis scientia, da doch das Prinzip
sacra cum pecunia coniungi nicht durch eine lex, sondern durch
die auctoritas pontificum eingeführt ist, das ius civile also gar
nichts damit zu thun hat? Einem pontifex, der nichts als pontifex wäre, würde es nicht in den Sinn gekommen sein, das
unter seine Obhut gestellte Recht durch solche Kautelen zu
beeinträchtigen, die pontifices aber, die zugleich Juristen sind
und als solche den Parteien cavendo beistehen, haben in deren
Interesse kraft ihrer iuris civilis scientia und ihres Scharfsinns
die pontificalis auctoritas zu umgehen und zu vereiteln gewusst.

Drei Schliche sind es, die Cicero an dieser Stelle[23]) auf die
Scaevolae und ihr Einmischen der iuris civilis scientia zurück-
führt.

---

[21]) Die Konjektur 'addunt (Lambinus, Bake, vgl. Feldhügel II 216) für
dant ist überflüssig, die beglaubigte Lesart giebt vollkommen guten Sinn.

[22]) Quo casu dimidia pars bonorum legata videtur, Ulp. XXIV. 25. Theoph.
II. 23. 5.

[23]) Dass hier der weitere Schlich, gegen den Cicero pro Mur. cp. 12 § 27
eifert — sacra interire illi (maiores) noluerunt : horum (iure consultorum) ingenio
senes ad coemptiones faciendas, interimendorum sacrorum causa, reperti sunt —
nicht angeführt wird, hat offenbar seinen Grund darin, dass Cicero hier nur von
der Umgehung des pontificalen Pekuniarprinzips sprechen will; es handelt sich
hier lediglich um Befreiung des Legatars, während dort die gänzliche Beseitigung
der sacra in Frage steht.

Der eine ist zunächst (§ 50) nur condicional gesetzt: si in testamento deducta scripta non sit[24]). Erst in § 53 wird er näher beschrieben in Beantwortung der Frage, was zu dem von den pontifices maximi P. Scaevola und Ti. Coruncanius und den Uebrigen anerkannten Prinzip eos qui tantundem caperent quantum omnes heredes sacris alligari[25]) durch das

---

[24]) Die Aenderung von deducta in deductio erklärt T u r n e b u s unter Billigung von M a n u c i u s (Moser-Creuzer p. 312) für unnöthig: deducta sei Substantiv von deducere wie repulsa von repellere. Vgl auch G r a e v i u s (Biblioth. class lat Cicero V. 2 p. 673): deducta pro deductio ponitur, ut declamatae pro declamationibus apud Capitolinum: „multae eius declamatae feruntur". — F o r c e l l i n i und G e s n e r führen deducta als Substantiv an, allerdings nur mit Berufung auf diese Stelle. In der Sache selbst besteht kein Zweifel. — Ueber die verschiedenen Konjekturen zu dieser Stelle vgl. oben Anm. 10. M o m m s e n in Richter und Schneider Krit. Jahrb. Jahrg. 9 (Schneider Neue Krit. Jahrb. Jahrg. 4) S. 13. will statt deducta scripta non sit lesen: deducta summa centum nummorum sit, indem aus summa centum nummorum, geschrieben SCN, scripta non geworden sei. Offenbar aber würde durch das Wegfallen des non ein falscher Sinn herauskommen, indem dann das vom Testator angeordnete Abziehen und das auf dem eigenen Willen des Legatars beruhende minus capere zusammen als Voraussetzung des Freiseins von den sacra genannt wäre, während doch nach § 53 schon eins von beiden genügt; wollte man aber beides getrennt auffassen (wenn 100 abgezogen sind im Testament, und sodann auch wenn sie ipsi minus ceperint), so wäre statt des ipsique zu erwarten ipsive. In der That nimmt Mommsen auch diese Aenderung vor, indem er es für unumgänglich nothwendig hält, dass Cicero hier eben so wie im folg. Kap. beide Fälle andeute (womit doch wohl der Fall der deductio und der des minus capere von Seiten des Legatars gemeint ist, obgleich es fast so klingt, als ob Mommsen unter dem anderen Fall die nexi solutio verstehe) Diese Nothwendigkeit kann ich nicht anerkennen. Aus § 51 ergiebt sich, dass es Cicero hier im § 50 zunächst um das minus capere infolge des Willens des Legatars zu thun ist, welches eben nur dann in Frage kommt, si in testamento deducta scripta non sit, und die Frage in § 53: quid huc accessit ex iure civili mit der Antwort, dass es die deductio scripta und das minus capere und die nexi solutio sei, wäre von unerträglicher Breite, wenn schon vorher die Antwort in Bezug auf die beiden ersten Punkte ertheilt wäre. Die Lesart deducta scripta non sit und Ipsique ist voll beglaubigt und eine Aenderung in keiner Weise geboten.

[25]) Die von Cicero gebrauchte Wendung ist nicht ganz korrekt. Denn natürlich hat Coruncanius (Konsul im Jahre 474), der 100 Jahre vor der Lex

Hereinziehen der iuris civilis scientia hinzugekommen bezüglich was dadurch geändert sei. Die Antwort auf die Frage: quid huc accessit ex iure civili? lautet: partitionis caput scriptum caute, ut centum nummi deducerentur.

Gänzlich missverstanden ist die Bedeutung dieser Kautel von de Caqueray[26]. Er fasst die deductio so auf, als ob der Testator den Werth der Hälfte des Nachlasses abziehe von der Erbschaft und statt der einzelnen im Nachlass befindlichen Stücke bezüglich der Hälfte derselben, die der Legatar an sich beim legatum partitionis erhalten würde, den Werthbetrag derselben, also eine Summe von so und so viel vermache. Les testateurs trouvaient moyen d'affranchir les légataires partiairs en leur léguant la valeur du legs partiaire, c'est-à-dire, en déduisant sur l'hérédité une valeur égale à celle que l'héritier aurait pu payer au légataire, au quel cas celui - ci ne prenait que la valeur des biens héréditaires, et non les biens eux-mêmes, ce qui le faisait dispenser des sacrifices. — Abgesehen davon, dass beim Vermächtniss einer festen Summe nicht mehr von einem legatum partitionis gesprochen und beim Vermächtniss einer den vollen Werth der halben Erbschaft erreichenden Summe

---

Voconia (585) lebte, noch nicht das Prinzip des tantundem. Es kommt Cicero hier nur auf das Pekuniarprinzip als solches an. Vgl Leist a. a. O. S. 176.

26, Explication des passages de droit privé contenus dans les oeuvres de Cicéron. Paris 1857. p 523 in f., 521 init — De Caqueray scheint sich auf Ch de Rémusat zu stützen, dessen Ansicht er billigend dahin angiebt: zwischen deductio und minus capere bestehe der Unterschied, dass im ersteren Falle das Recht gegenüber dem Faktum, im letzteren das Faktum gegenüber dem Recht überwog; dort habe der Legatar dem Recht nach nicht einen Theil der bona, und darum sei er, weil die sacra an die bona geknüpft seien, von den sacra frei, obgleich er thatsächlich den Werth der bona habe, im letzteren Fall hingegen sei er zwar rechtlich verpflichtet zu den sacra, aber doch sei er frei, da er faktisch weniger nehme als die Erben haben, und so trage hier das Faktum den Sieg davon über das Recht.

das tantundem capere nicht in Abrede gestellt werden kann, passt diese Auffassung in keiner Weise zu der von Cicero selbst (§ 53) angegebenen Gestalt der deductio: ut centum nummi deducerentur.

Als nicht minder unhaltbar erweist sich aus dem letzteren Grunde auch die Erklärung von Bachofen[27]. Er will das deducta mit dem unmittelbar vorausgehenden partitio verbinden und unter deducta partitio scripta in testamento die Hälfte derjenigen Erbschaftssumme verstanden wissen, welche von dem hinterlassenen patrimonium abgezogen wird zum Behuf der besonderen Aussetzung einer zur Bestreitung der Opfer eigens bestimmten Summe, so dass die Opferpflicht des legatarius partiarius von dem wirklichen capere desselben unabhängig werde, weil nunmehr bloss der nach Abzug der Kosten der sacra übrig bleibende Theil des patrimonium vom Testator der partitio unterworfen sei. Ein wunderlicher Ausdruck „partitio deducta scripta" für diesen Gedanken! Und soll etwa die Hälfte der abgezogenen centum nummi (§ 53) zur Bestreitung der Opferkosten ausreichen[28]?

Auch die Ansicht von Leist (S. 191 a. E.) trifft m. E. das Richtige nicht. Nach ihm besteht die deductio darin, dass der Testator dem legatarius partiarius durch eine besondere Klausel gestattet, von der ihm vermachten Hälfte des Nachlasses eine kleine Summe, für die sich durch Sitte der Betrag von 100

---

27) Die Lex Voconia S. 52 u. Anm. 3.

28) Vgl. gegen Bachofen auch Mommsen a. a. O. (Anm. 24) S. 13. Ganz thöricht ist die Ansicht von Guther, De vet. iure pontif. IV. cp. 6 p. 179. Er spricht von der partitio, als ob das ein Modus sei, den Legatar von den sacra zu befreien und versteht unter derselben eine divisio pecuniae a testatore facta testamento inter heredes et legatarium: de partitionis capite habe der Testator 100 abgezogen: habe er dies nicht gethan, so seien ex partitionis capite 100 geschuldet gewesen: deductio a testatore fiebat, partitio ipso iure!

nummi (ca. 1 Ldr.) festgestellt habe, abzuziehen und durch
deren Nichtannahme von den sacra frei zu werden. Für diese
Ansicht könnte man geltend machen, dass nach ihr, in gleicher
Weise wie nach der dritten Klasse der antiqui das si maior
pars legata est die Voraussetzung bildet, wirklich von Seiten
des Erblassers die Zuwendung von tantundem erfolgt und nur
das minus capere durch den Erblasser in das Belieben des
Legatars gestellt ist. Aber dazu würde der Gegensatz des
i p s i que minus capere schlecht passen: denn dann hinge ja
auch im Fall der deductio scripta das minus capere vom
Legatar ab. Nicht das ist der Gegensatz, dass der Legatar
in dem einen Fall mit Erlaubniss des Testators, im anderen
Fall ohne solche minus capit, er liegt vielmehr darin, dass
dort der Wille des Testators, hier der Wille des Legatars der
Grund des minus capere ist. Auch dass die erblasserische Anordnung der deductio als caput partitionis bezeichnet wird,
hätte bei der Leist'schen Annahme keinen rechten Sinn, denn
schwerlich wird ein Legat mit den Worten beginnen [29]): „ich
erlaube dir auch 100 nummi weniger zu nehmen".

Mir scheint die Bedeutung der das caput partitionis bilden-
den d. h. an der Spitze der Vermächtnissanordnung stehenden deductio scripta einfach in der Formel zum Ausdruck zu kommen:
deductis centum nummis heres meus hereditatem meam cum
Titio partito [30]). Der Erbe nimmt 100 als praecipuum vorweg,

---

[29]) Caput partitionis in demselben Sinne wie caput testamenti. Verkannt
von Feldhügel II, 219; caput partitionis est quod nos dicimus Theilungsbestim-
mung. Verkehrt Gronov. De sestert. IV. cp. 7 pg. 671: es sei hier nicht, wie
in § 50 von legatum partitionis die Rede, sondern von der partitio oratoria, es
beziche sich dies auf den Vorwurf, dass die Juristen das quod positum est in
una cognitione, in infinitam dispertiuntur und das caput sei in demselben Sinne
zu verstehen, wie in § 46 (a quo capite sit repetendum) und § 51 (si ad caput referat).

[30]) Also deductis certis nummis partitio legata wie deducto usufructu
proprietas legata: l. 46 pr. de usufr. 7. 1. l. l. § 4 de usufr. accr. 7. 2. (= Vat.

die übrige Erbschaft wird getheilt, der Legatar hat nicht tantundem: inventa est ratio, cur pecunia sacrorum molestia liberaretur.

Giebt diese erste Kautel dem Erblasser ein Mittel an die Hand, unter formaler Wahrung des pontificalen Prinzips doch gegen dessen wahren Sinn den Legatar von den sacra frei zu machen, so weist, für den Fall dass der Erblasser sich nicht zu dieser Umgehung verstanden hat, die zweite dem Legatar einen Weg, um in gleicher Weise ohne wirklichen materiellen Nachtheil sich der lästigen Pflicht zu entziehen. Der von den Scaevolae zur Geltung gebrachte Satz lautet: ut, si in testamento deducta scripta non sit ipsique minus ceperint quam omnibus heredibus relinquatur, sacris ne alligentur (§ 50) und der Jurist, obgleich er pontifex ist, scheut sich nicht, dem Legatar den Rath zu geben, ut minus capiat quam omnibus heredibus relinquatur: wiederum wird er von den sacra frei, für die ja nach dem Prinzip der Scaevolae derjenige und nur derjenige haftet, der ebensoviel wie die Erben capirt hat[31]).

fr. § 78), l. 26 pr. de usu et usufr. 33. 2. — So wohl auch Mommsen a. a O. S. 13 a. E.; will der Testator demjenigen, den er im Testament bedenken und zugleich von den sacris entbinden will, keine grössere Aussetzung (als die Hälfte der Erbschaft) machen, so kann er sich zur Umgehung der sacra des Partitionslegats mit Abziehung einer geringfügigen Summe, gewöhnlich centum nummi, bedienen.

31) Ich folge bei der Wiedergabe dieses Satzes der Konjektur von Huschke (Zeitschr. f. Rechtsgesch. XI S. 136); quibus par dicebant qui cepisset adstringi etc., nur dass ich an Stelle des Doppelpunktes vor rursus ein Komma setze. Der Sinn ist demnach: von den sacra, zu welchen die Scaevolae denjenigen für verpflichtet erklärten, qui par cepisset, ist der Legatar hierdurch wieder frei. Die beiden codices Vossiani haben: sup dicebant quicquid (quic) coepisset. Manche, z B. Turnebus (Moser-Creuzer p. 671), wollen daraus machen: super oder superiores dicebant etc.; es wurde das also eine Verweisung auf die antiqui und deren Ansicht sein, wonach das si inde quippiam ceperit der Scaevola'schen Kautel entgegengesetzt würde. Diese gewissermassen in Parenthese eingeschaltete

Kann man nun bei diesen beiden ersten Kautelen immer
noch sagen, dass sie, obgleich sie sententiam circumveniunt,
doch wenigstens formell dem pontificalen Prinzip nicht widerstreiten und dass auch ohne juristische Kenntnisse ein schlauer
Testator und Legatar darauf verfallen konnte, so ist der dritte
von den Scaevolae erfundene Schleichweg so recht e medio
iure civili. Er geht dahin: ut, si cui plus legatum sit, quam
sine religione (ohne sich der Verpflichtung zur Prästirung der
sacra auszusetzen) capere liceat, is per aes et libram heredes
testamenti solvat, propterea quod eo loco res est ita soluta
hereditate, quasi ea pecunia legata non esset (§ 51), wozu —
da natürlich dem Legatar nichts damit gedient wäre, wenn er
einfach auf den Vortheil aus dem Legat verzichten sollte, um
von den sacra frei zu sein — die nothwendige Ergänzung
kommt (§ 53): si stipulatus est id ipsum, quod legatum est,
ut ea pecunia ex stipulatione debeatur sitque ea non [mortis
causa capta][32]).

Ein des Rechts Unkundiger würde auf diesen Ausweg
schwerlich gekommen sein, die iuris civilis scientia legt ihn
nahe genug. Indem der Legatar den gleichen Betrag, der ihm
auf Grund des durch nexi liberatio beseitigten Legatsanspruches
gebührte, jetzt aus der causa stipulationis zu fordern hat, liegt
die Voraussetzung der Haftung für die sacra in seiner Person
nicht mehr vor: zwar hat er tantundem wie der Erbe, aber er
hat es nicht morte testamentove capirt, weder kommt die pe-

Bemerkung passt aber offenbar schlecht in den Zusammenhang. Vgl. Moser-
Creuzer p. 318. Feldhügel II. p. 220.

[32]) Huschke Iurispr. anteiust. — Früher wollte Huschke (Nexum S. 243)
ergänzen: ex hereditate, sed ab herede profecta, was auf dasselbe hinausläuft. Beide
Ergänzungen sind insofern besser als die sachlich gleichfalls nicht unrichtige
von Lambinus (bei Moser-Creuzer p. 315): sacris alligata, als sie das entscheidende Moment, weshalb der Legatar trotz des Habens von tantundem von den
sacra frei ist, hervorheben.

71

cunia morte patrisfamilias an ihn, sondern post mortem, noch
hat er sie aus dem Vermögen des Verstorbenen, sondern aus
dem des Erben [33].

Dass dies allein der Sinn dieser Kautel ist, dass es sich
also bei der solutio per aes et libram um die Liberirung des
Erben von der durch Damnationslegat (legatum partitionis) begründeten Verpflichtung handelt, kann nicht zweifelhaft sein
und ist von Philologen wie Juristen fast allgemein anerkannt [34].
Nur der Kuriosität halber ist die eine abweichende Ansicht, bei
der wohl die missverständliche Benutzung der wieder missver-
standenen Stelle von Cicero pro Mur. cp. 12 über die coemtio
interimendorum sacrorum causa facta im Hintergrund steht [35],
zu erwähnen, wonach die Befreiung des Erben nicht von dem

33) Huschke Nexum S. 212 f. übertrumpft die Scaevolae, indem er sagt:
ehe der Legatar die nexi liberatio vornehme, müsse er von vornherein den Erben
durch Stipulation dazu verpflichten, dass dieser nach geschehener nexi liberatio
die Repromission abschliessen werde. Also eine stipulatio de stipulatione con-
trahenda! Einfacher wäre es doch gewesen, die Stipulation vor der nexi liberatio abzuschliessen (darüber, dass die blosse Stipulation nicht Novationseffekt
hatte, vgl. unten S. 28); die Worte: ut per aes et libram—solvant et
eodem loco res sit — si stipulatus est (§ 53) sprechen jedenfalls nicht
gegen den vorherigen Abschluss, und eine derartige Verabredung kam gewiss
bei der coemptio sacrorum interimendorum causa vor, vgl. Savigny S. 161.

34) So schon Turnebus Comm. ad cp. 21 (bei Moser-Creuzer p. 671), Balduinus l. c. p. 171. — Die Ansicht von Mommsen a. a. O. S. 13. a. E. ist
mir nicht klar. Er sagt: wenn der Testator auch das nicht wollte oder doch
nicht aussprach (nämlich Partitionslegat mit Abziehung einer geringfügigen Summe),
so kann der Erbe durch nexi solutio einer solchen kleinen Summe der Opfer-
last ausweichen! Es handelt sich doch um das Freiwerden des Legatars, nicht
des Erben! — Die wunderliche Ansicht von Guther De vet. iure pontif.
II. cp. 6 p. 179: alius modus fuit interimendorum sacrorum, ut per aes et libram
heredes testamenti legatariis solverent, bei der es schwer ist, sich etwas zu denken,
hat schon Gronov. De sestert. IV. cp. 7 p. 672 gegeisselt.

35) Vgl. Biblioth. class. lat. Cicero V. 2. p. 736.

Legat, sondern von den sacra der Zweck und Erfolg der nexi liberatio ist[36]).

Aber in anderer Beziehung giebt diese Kautel Anlass zu Zweifeln.

Schon Savigny (S. 172) hat es, ohne eine Erklärung zu versuchen, für juristisch merkwürdig erklärt, dass es überhaupt erst noch einer besonderen Befreiung bedürfe, da nach der Theorie in unseren Rechtsquellen die blosse Stipulation (als novatio) zugleich die frühere Obligation zu tilgen hinreichend scheine. Und Leist bemerkt (S. 193): „also wohl eine der ältesten Novationsgestaltungen, Aufhebungsakt und Neubegründungsakt sind noch völlig getrennt, aber in der neuen Obligation soll doch juristisch id ipsum, quod legatum est, nunmehr ex stipulatione geschuldet werden", scheint also anzunehmen, dass zu dieser Zeit die Novation als einheitlicher Akt noch nicht existirt habe. Es lässt sich aber doch, auch bei der Annahme, dass die uns überlieferte Gestalt der Novation

---

36) Marcilius ad leg. XII tab. (bei Gronov. de sest. IV. c. 7 p. 668): si hereditas sacris adstricta esset, vendebat illam fiducia interposita heres seni capulari Acherontico, ut eo cis paucos dies mortuo reciperetur hereditas iam ut emta res, non ut legata aut relicta coque sacris adstricta. Wenn Gronovius l. c. gegen Marcilius spottend bemerkt: solet hic, perinde ut Africa, semper aliquid novi parere et fere monstrosum, so hat er auf Grund seiner eigenen Ansicht zu solchem Spott schwerlich das Recht. Er meint (p. 672), nach Antritt der Erbschaft sei eine solutio per aes et libram abgeschlossen worden zwischen dem Erben und einem senex, der als tamquam gravior auctor (unter Berufung auf l. 15 de fideic. libert. 40. 5) zugezogen werde, wonach die Erbschaft an letzteren verkauft und von ihm frei von den sacra erworben sei, darauf sei eine Stipulation abgeschlossen worden, in Folge welcher der Käufer die Erbschaft dem Erben tradirt habe: dadurch seien das nomen heredis und hereditatis und folglich die sacra erloschen, da der Erbe jetzt nicht mehr als Erbe besitze. — Auch Ernesti (bei Moser Creuzer p. 315) versteht das per aes et libram solvat als liberat a sacris, vendenda hereditate per aes et libram emtori fiduciario, qui post emtionem reddat bona fide heredi, ut iam non esset hereditas amplius, quae dicitur post hereditas soluta! — Aehnlich nach dem Referat von Savigny S. 172 A. 1 Görenz.

in diese alte Zeit hinaufreicht[37], sehr wohl ein Grund denken,
weshalb blosse Novationsstipulation in diesem Falle nicht für
ausreichend gehalten wurde. Ohne das Vorliegen eines selbstständigen Tilgungsgrundes hätte die Stipulation doch wohl die
Angabe der causa der alten Obligation enthalten müssen: quod
mihi ex legato debes, dare spondes, bezüglich quidquid mihi
ex testamento dare facere[38]) oportes, spondes[39]). Wenn man
nun auch die Idee Neuerer, dass die durch Novation begründete
Obligation identisch sei mit der alten, verwirft, und wenn man
auf Stellen wie l. 1 § 14 ut leg. serv. c. 96, 3 (wonach stipulationi et legatorum actioni easdem causas et condiciones inesse
sciendum est und darum die Stipulation eines bedingten Legats beim Tod des Stipulanten vor Existenz der Bedingung
erlischt, quia nec legatum transmittitur) kein Gewicht legt, weil
hier nicht von Novationsstipulation, sondern von einer zu der
alten Obligation hinzutretenden Stipulation die Rede ist, so ist
doch gewiss das Bedenken begreiflich, liberatorischen Effekt
hinsichtlich der durch das Legat begründeten Verpflichtung
gegen die Götter einer Stipulation beizulegen, welche ausdrücklich auf das die Sacralpflicht begründende Legat als ihre Quelle
und ihren Inhalt Bezug nimmt[40]) und welche, obgleich es eadem

---

[37] Dass Servius Sulpicius sie schon gekennt hat, wissen wir aus Gai. III.
173, er legt sogar einer bedingten Stipulation die Wirkung sofortiger Aufhebung
der alten Obligation bei.

[38] Das legatum partitionis ging natürlich nicht auf dare oportere, vgl.
Marezoll, Ztschr. für Civilrecht u. Proz., IX. S. 99 A. 2.

[39] Vgl. 1. 75. 56. de V. O. 45. 1. Gai. II. 213. Salpius Nov. u. Deleg.
S. 163, 167, 169.

[40] Auch Huschke, Nexum S. 243 f., legt darauf Gewicht, dass es im
Fall einer Novationsstipulation doch immer das Legirte wäre, was der Legatar
erlangte: „da es hier auf das capere ankam, bei welchem Worte das Materielle
entscheidet, so würde der Legatar doch immer das Legirte, wiewohl nicht durch

persona est, a qua postea legatarius stipuletur, doch in keiner Weise der für diesen Fall aufgestellten Voraussetzung, si quid in posteriore stipulatione novi sit [11], entspricht. Und wenn man auch die Ansicht von Salpius [12], so wenig sie begründet ist, für begründet hält, dass erst die Juristen von Papinian an das Erforderniss des animus novandi aufgestellt hätten, während nach älterem Recht an der Fassung der Stipulationsformel erkennbar gewesen sei, ob dieselbe auf eine frühere Obligation gleichen Inhalts tilgend zurückwirkte oder nicht, und dass speziell gerade die Fassung der Stipulation in eine formula incerta und als bloss relative Stipulation ihr tilgende Kraft verschafft habe, so steht doch fest, dass, sogar interventu novae personae, dergleichen Formeln auch als cumulative Stipulationen gemeint sein können [13]. Weshalb sollte diese Möglichkeit einer accessorischen Stipulation da ausgeschlossen sein, wo der Legatar vom Erben dasjenige stipulirt, was dieser ihm auf Grund des legatum partitionis schuldet? War nicht gerade hier, wo

---

Zahlung so doch durch die Stipulation selbst, in welche er es deduzirte, erlangt haben; wenn er hingegen die legirte pecunia mit Rücksicht auf die nachher mit dem Erben abzuschliessende Stipulation per aes et libram erliess, so war es so gut, als ob dieses Geld gar nicht legirt wäre, obgleich er durch die sogleich hinzugefügte, auf dasselbe Objekt gerichtete Stipulation doch eigentlich ganz dasselbe erhielt."

11) Gai. III. 177.

12) Novation und Deleg. S. 131 ff., 186 ff. Aehnlich Salkowski Z. Lehre v. d. Novation S. 224 ff.: die Stipulation mit formeller Bezeichnung der versprochenen Leistung als einer geschuldeten habe die Novation herbeigeführt ohne einen dieselbe begleitenden animus liberandi Vgl. dagegen Witte, Krit. Viertelj.-Schr. VIII. 322 ff., IX. 487, 495 ff.

13) Vgl. z. B l. 26 de nov. 46 2. l. 1 § 14 ut leg. serv. c 36. 3. l. 20, pr. de don. 39. 5 Und waren nicht nach Gai. III 178 die Proculianer ohne alle Unterscheidung der Ansicht, dass, wenn die neue Obligation bloss durch Zufügung oder Weglassung eines sponsor von der alten abweicht, die Novation nicht eintrete?

die Auseinandersetzung zwischen Erben und Legatar über die
Theilung längere Zeit in Anspruch nehmen konnte, der Gedanke an eine stipulatio legatorum servandorum causa besonders
nahe gelegt? Es war daher, um diesen Bedenken und Zweifeln
zu entgehen, vom Standpunkt der Kautelarjurisprudenz ganz
gerechtfertigt, statt einer Novation diesen Doppelakt anzurathen,
damit durch nexi liberatio die ganze causa legati aus der Welt
geschafft und die Sache in die Lage gebracht werde, quasi ea
pecunia legata non esset. Zugleich liefert der Umstand, dass
Scaevola die solutio per aes et libram als Mittel wirksamer
Tilgung der Legatsobligation mit ihren Eigenthümlichkeiten
anräth, den Beweis dafür, dass das ältere Recht keineswegs
jeder die alte causa in sich aufnehmenden Stipulationsformel
novirende Wirkung beilegte [11]).

Eine zweite bei dieser Kautel auftauchende Frage ist die,
was durch nexi liberatio erlassen und durch Stipulation neu
versprochen wurde. Handelt es sich um Befreiung von der
ganzen Legatsschuld oder um Erlass bloss eines Theils, also
einer Kleinigkeit, die wie bei der deductio scripta die centum
nummi eben ausreichte, um den Legatar von einem tantundem
auf ein minus capere herabzudrücken?

Leist (S. 192 f.) nimmt, ohne die erstere Möglichkeit zu
erwähnen, das Letztere an [15]), indem er die vereinbarte nexi

---

11) Balduinus l. c. p. 472 bemerkt zu dieser Kautel: neque vero posteriores
iuris consulti talem legati in stipulationem conversi novationem (die er vorher
als novatio quaedam bezeichnet) ignorant, sed (quod ad eludendam Scaevolae
cautionem pertinet) interdum stipulationem accedere significant et cum legato
coniungi, ubi tamen ius et causa legati manet atque etiam stipulationi videtur
inesse.

15) So schon Bachofen Lex Voconia S. 52: die mit dem Legat der Hälfte
beschenkte Tochter entgeht der Opferpflicht, nicht nur, wenn sie einen Theil des
Legats zufällig nicht ausgezahlt erhält und denselben prätermittirt, sondern auch
wenn sie den auf die Hälfte verpflichteten Erben irgend eines, auch des geringsten

liberatio und das einseitige minus capere von Seiten des Legatars als zwei verschiedene Wege für das vom Erblasser nicht autorisirte Minus-Nehmen (im Gegensatz zur deductio scripta) auffasst und erstere als definitive Aufhebung der Berechtigung des Legatars durch Vornahme eines das Minus-Nehmen genau juristisch fixirenden Vorgangs dem letzteren als in rein negativem Nichtgeltendmachen des betreffenden Legatsstückes bestehendem Verfahren ohne allen definitiven Abschluss entgegensetzt: „Das Legat wurde durch solutio per aes et libram um die betreffende Summe gekürzt." Es will mir dies nicht glaubhaft erscheinen. Aus den in Bezug genommenen Worten Cicero's (§ 51 f.: quin etiam cavent etc.) lässt sich der Beweis für diese Ansicht jedenfalls nicht erbringen, da dieselben zweifellos auch von vollständiger Aufhebung der Legatsforderung verstanden werden können, und sie so zu verstehen, dafür spricht nicht nur der Ausdruck heredem solvere und hereditas soluta (§ 51. 53), indem bei Erlass nur eines kleinen Theils der Verpflichtung nicht von solutio heredis und hereditatis schlechthin gesprochen werden könnte, sowie die Wendung id ipsum, quod legatum est (§ 53), insofern ein bloss unbedeutender Theil des ex legato Geschuldeten nicht zutreffend als id ipsum, quod legatum est bezeichnet wird, sondern es weist darauf auch der Zusammenhang mit dem Vorausgegangenen hin: mit dem quin etiam cavent wird doch betont, dass diese Kautel noch weiter geht als die bisher besprochene und dass hierin ein noch stärkerer Angriff gegen das pontificale Recht liegt als in dem thatsächlichen Nichtgeltendmachen eines Theils der Legatsforderung; gewiss aber wird man das letztere, wobei der Anspruch auf den faktisch nicht realisirten Theil rechtlich immer noch be-

---

Theils seiner Verpflichtung per aes et libram entbindet. — Ob dies mit Bachofen's Ansicht über die Verschiedenheit von solutio per aes et libram und nexi liberatio zusammenhängt (Nexum S. 148 ff.), ist nicht ersichtlich.

stehen bleibt (§ 51)[16], für eine stärkere Umgehung des pontificalen Prinzips erklären müssen als das rechtsgeschäftlich regulirte minus capere, das formelle Aufgeben des Rechts zu einem Theile. Auch würde, wenn es sich bloss um den Erlass einer Kleinigkeit gehandelt hätte, schwerlich das Bedürfniss, diese Kleinigkeit nun wieder durch Stipulation zurückzuerobern, bestanden haben.

Lässt sich sonach aus der Darstellung Cicero's entnehmen, dass bei dem von Scaevola angerathenen Weg nicht an bloss theilweise Tilgung der Legatsschuld gedacht ist, so fragt es sich weiter, ob denn daran überhaupt gedacht werden kann. Ist es möglich oder ist es wenigstens in jener Zeit möglich gewesen, durch nexi liberatio eine Forderung bloss theilweis aufzuheben? Mir scheint die Antwort verneinend ausfallen zu müssen. Wie der nexus durch aes et libra hinsichtlich der bestimmten Summe gefesselt war, so konnte er sich durch aes et libra nur hinsichtlich der ganzen Summe von der Fessel frei machen; wie die pignoris causa indivisa est, so ist der nexus untheilbar für das Ganze verhaftet und eine Lösung von der Fessel tritt nur ein, wenn der contrarius actus genau auf dasselbe gerichtet ist wie der Begründungsakt. Wenn der Schuldner sagt[17]: quod ego tibi decem milibus (milia iure) condemnatus — bezüglich bei der Anwendung der nexi liberatio auf Damnationslegat: quod ego tibi tot milia testamento dare damnatus, Gai. III. 175[18] — sum, me eo nomine a te

---

16) Vgl. unten S. 49 f.

47) Gai. III. 173 ff.

18) Gegen die Ansicht von Krüger-Studemund zu Gai. III. 174: in formula fuerit ,damnas sum' statt condemnatus (vgl. auch Huschke Gaius S. 100) wendet Erman, Z. Gesch d. röm. Quittungen u. Solutionsakte S. 38 f., mit Recht ein, dass die Formel des § 174 nicht auf eine per aes et libram begründete,

solvo liberoque hoc aere aeneaque libra: hanc tibi libram primam postremamque expendo secundum legem publicam, so ist mit der auf die ganze Eingangs genannte Schuld gerichteten Erklärung, dass er sich vom Gläubiger löse und frei mache und dieses Pfund als erstes und letztes zahle, unzweideutig ausgesprochen, dass hiermit Alles erledigt und die Schuld vollständig getilgt sei. Wie sollte diese Formel anwendbar sein, wenn die Absicht auf nur theilweise Tilgung der Schuld ging? Entweder war es dann nicht prima postremaque libra oder der Schuldner wurde trotz blosser Theilzahlung bezüglich trotz der auf blossen Theilerlass gerichteten Absicht von der ganzen Schuld liberirt. Zwar meint Huschke (Nexum S. 239 in f.), die Formel der nexi liberatio habe der Aufhebung pro parte keine Schwierigkeit in den Weg gelegt, indem man ja gleich anfangs bloss einen Theil der Forderung habe erwähnen können. Ob das aber zulässig war, ob der per aes et libram auf decem milia Verpflichtete wirksam „quod ego tibi quinque milia damnatus sum" sagen und sonach auf einen Begründungsakt sich berufen konnte, der in dieser Weise gar nicht vorgelegen hatte, erscheint aus formellen Gründen als mindestens recht zweifelhaft. Kann nur der wirklich vorliegende Begründungsakt zum Gegenstand des in contrarium agere gemacht werden, so fordert das Prinzip des formalen in contrarium agere in seiner Strenge, dass auch hinsichtlich der Quantität der Aufhebungsakt mit dem Begründungsakt konform ist. Sagt doch auch Huschke selbst an anderer Stelle (S. 232 Anm. 359), bei der solutio per aes et libram gehöre der besondere einzig zu-

---

sondern auf die Judikatsschuld ging, und dass bei der Gegenüberstellung von Urtheil und anderen Damnationsfällen nicht damnare, sondern condemnare zu erwarten ist, wie denn auch condemnatus dem Apographum am meisten entspricht. — Dass es sich um eine solutio debitoris, nicht um solutio pecuniae, debiti handelt, ist wie durch die Ciceronianische Stelle, so durch Gaius festgestellt. Vgl. Erman S. 35 f.

lässige Inhalt der Obligation (librae aeris) mit zum Wesen der
Empfangsfiktion und diese würde also nichtig werden, wenn
die Fiktion des Empfangs in den Worten oder in dem gestum
auf etwas anderes bezogen würde. Dazu kommen alle die
Gründe, die Erman (Z. Gesch. der röm. Quittungen § 11
S. 40 ff.) für den Satz in partem solutio per aes et libram fieri
nequit geltend gemacht hat. Die Worte, mit denen die Solu-
tionsformel beginnt (quod ego tibi tot mil. condemnatus bezüglich testamento damnatus sum), sind nichts anderes als eine
demonstratio, die den in der Vergangenheit liegenden Thatbestand eines ideellen Verhältnisses angiebt und durch Nennung
der Entstehungsthatsache die Identität unzweifelhaft feststellt.
Nach dem alten Civilrecht besteht aber wie für Klagen so
auch für die mit einer demonstratio eingeleiteten Solutionsakte das Erforderniss der demonstratio vera in dem Sinne, dass
jede Unrichtigkeit derselben den Akt nichtig macht. Da nun
eine Handlung so, wie sie geschehen, ein Ganzes ist, so ist
der Thatbestand, der sie nicht ganz nennt, ein falscher, in
der Weise, dass auch das minus demonstrare ein false demonstrare ist und daher z. B. derjenige, der Stichum et Erotem
gekauft hat, falsch demonstrirt, wenn er sagt: quod ego de
te Erotem emi. Ein gegen dieses Erforderniss der demonstratio verstossender Solutionsakt ist nichtig: „jedenfalls bis in
die Kaiserzeit hinein musste die solutio per aes et libram die
ganze Schuld nennen und, da nach dem ‚me solvo, libram
postremam expendo' ein Rest nicht bleiben kann, auch tilgen."
Wird man aus diesen Gründen geneigt sein, die Möglichkeit einer nexi liberatio pro parte zu leugnen, so liegt es doch
nahe, gegen die Beweiskräftigkeit dieser Argumentation das
Beispiel der acceptilatio ins Feld zu führen. Auch diese ist
formales in contrarium agere und imaginaria solutio und bei
ihr ist Tilgung pro parte möglich: pars stipulationis accepto
fieri potest non tantum, si sie dicat: ex nummis decem, quos

tibi promisi, quinque habesne acceptos? sed et si sic: quod
ego tibi promisi, id pro parte dimidia habesne acceptum [49])?
Aber wenn sich auch später, seitdem der Naturalakt der Erfüllung mehr in den Vordergrund trat, die acceptilatio gefallen
lassen musste, nach diesem Vorbild behandelt zu werden, so
gehörte doch der Satz: sicut quod debetur pro parte recte solvitur, ita in partem debiti acceptilatio fieri potest [50]) der älteren
Zeit ebensowenig an wie die Möglichkeit statt der Form quod
ego tibi promisi, habesne acceptum? die Worte zu brauchen:
ἔχεις λαβὼν δηνάρια τόσα; ἔχω λαβών [51]), und es musste den
Alten als undenkbar der später ohne Bedenken gelehrte Satz
erscheinen, dass eine auf Stichum dare bezüglich auf decem
dare lautende Stipulation gültig acceptoferirt werde in der Form
quod Stichum promisi, Stichum et Pamphilum habesne acceptos?" bezüglich ,quod tibi decem promisi, viginti habesne ac-
cepta [52])?" Es ist uns bezeugt, dass noch zu Gaius Zeit bestritten war, ob die Acceptilation der Zahlung darin gleichstehe,
dass wie pro parte recte solvitur so auch in partem debiti acceptum fieri possit [53]). Natürlich aber ist die Entwickelung nicht
die gewesen, dass von Haus aus acceptilatio pro parte statthaft war und erst später eine ihre Zulässigkeit leugnende
strengere Auffassung sich geltend machte, sondern die umgekehrte [54]). Hat nun die ältere Zeit bei der Acceptilation einer

<hr>

49) L. 9. 10. 13 § 2 de acceptil. 46. 4. Weitere Stellen bei Erman
a. a. O. S. 44 A. 3.

50) § 1 in f. I. quib. m. obl. toll. 3. 29.

51) § 1 I. cit.

52) L. 15. de accept. 46. 4.

53) Gai. III. 172.

54) Darüber, dass die von Paulus in l. 14 de accept. mitgetheilte aus der
formalistischen Grundanschauung des Aktes hergeleitete Regel: verbis verba ea demum resolvi possunt, quae inter se congruunt ursprünglich gerade auf die in-
haltliche Kongruenz ging, vgl. Erman a. a. O. § 12 S. 43 ff.

verborum obligatio eine theilweise Tilgung für unzulässig erachtet und eine dem Inhalt des Begründungsakts genau entsprechende Aufhebungsform verlangt, so ist das zweifellos um
so mehr der Fall gewesen bei der strengeren Form der nexi
obligatio und liberatio, welch letztere, da sie sich schwerlich
so lange im Gebrauch erhielt, wie die durch sie aufgehobenen
Obligationen[55]), einen ähnlichen Entwicklungsgang hinsichtlich der Annäherung an den Naturalakt der Erfüllung nicht
gehabt hat[56]).

Aber wie hat man sich bei dem legatum partitionis, von
welchem Cicero handelt, überhaupt die nexi liberatio zu denken?

---

55) Huschke, Nexum S. 244.

56) Wenn Leist, Ueber die Wechselbeziehung zwischen dem Rechtsbegrün-
dungs- und dem Rechtsaufhebungsakt mit Recht ausführt, dass die nexi liberatio wie die acceptilatio nicht einfach eine Aufhebung der Obligation durch
umgedrehte Eingangsform sei, sondern als Nachbild der materiellen Zahlung das
zwischengeschobene Moment der imaginaria solutio voraussetze, so kann man
daraus nicht etwa den Schluss ziehen, dass, wie die vera solutio, so auch die
imaginaria pro parte zulässig gewesen sei. Dass die nexi liberatio nicht den
Charakter der Zahlung, sondern den eines dispositiven Aktes hat, ergiebt sich
aus ihrer Form, und dass in dieser imaginaria solutio nicht der Beweis der
Zahlung lag, zeigt unsere Stelle, da nach ihr eo loco res est ita soluta hereditate
quasi ea pecunia legata non esset und darum der bei wirklicher Auszahlung für
die sacra haftende Legatar von den sacra frei ist. Vgl. Erman a. a. O. S. 55.
— Den Satz, dass solutio per aes et libram nicht eine theilweise Tilgung der
Obligation herbeiführen kann, erkennt Goldschmidt in Ihering's Jahrb. f.
Dogm. N. F. XIV. S. 387 an, die Bedeutung der Ciceronianischen Stelle aber
ist von ihm verkannt. Er sagt: Der Satz, dass, wenn ein Gläubiger nur einen
Schuldner auf das Ganze hat, durch Annahme der Theilzahlung die Schuld insoweit getilgt wird, habe ursprünglich im römischen Recht sicher da nicht ge-
golten, wo nicht die einfache Tilgung, sondern nur ein formeller Liberationsact
(solutio per aes et libram, acceptilatio) zur Befreiung des Schuldners führte, und
fügt in der Anm. 68 hinzu: Daher bei theilweiser Zahlung des Partitionslegats
solutio per aes et libram unter gleichzeitiger Begründung einer neuen Obligation
für den Rest: Cicero de leg. II. 21. Es handelt sich aber in unserer Stelle nicht
um effektive Zahlung mit nachfolgender solutio per aes et libram, sondern um
solutio p. aes et libram ohne effektive Zahlung.

Die bei Gaius angegebene Formel passt nur auf den Fall, wo eine Geldleistung den Inhalt der Obligation bildet. Mag nun bloss das Geldlegat, nicht jedes Legat einer fungiblen Sache der imaginaria solutio empfänglich sein, wie Bachofen (Nexum S. 153) behauptet, oder mag diese Tilgungsart auch bei anderen Fungibilien, nur mit veränderter Formel (z. B. hanc tibi ovem primam postremamque solvo) angewandt werden können, wie Huschke (Nexum S. 237)[57]) annimmt, jedenfalls steht nach dem Zeugnisse von Gaius (III. 175 in f.) fest, dass bei anderen Gegenständen als solchen, die gezählt und gewogen und höchstens noch bei solchen, die gemessen werden, die nexi liberatio unzulässig war und dass folglich da, wo die Obligation auf ein incertum ging, also auch bei den Obligationen auf ein facere, die Form, die ein begrenztes Objekt, ein erstes und letztes, welches gezahlt wird, voraussetzt, nicht Raum fand[58]). Geht nun das legatum partitionis auf ein hereditatem cum legatario

---

57) Gegen diese Formeländerung vgl. Erman a. a O. S. 36 f.; während die (alte) Huschke'sche Formel ohne Weiteres eine andere Scheinleistung als Erzgeld aufnehmen konnte, würde dies bei der neuen Lesart eine völlige Umgestaltung erfordern, von einer solchen weiss Gaius nichts (similiter legatarius heredem eodem modo liberat); an eine vorherige Geldästimation kann hier nicht gedacht werden; offenbar ist also der Akt als solcher, in Voraussetzungen und Wirkungen feststehend, auf diesen Fall erstreckt worden in formalistisch sinnwidriger Weise, indessen würden die Juristen ihn demselben anzupassen gewusst haben, wenn sie für seine Scheinleistungsnatur noch ein reges Interesse gehabt hätten.

58) Erman a. a. O. S. 37 sieht den Grund, weshalb die solutio per aes et libram von allen Juristen bei incerta legata, von den meisten bei Massquantitäten ausgeschlossen wurde, nicht in dem Akt selbst, denn in dieser formalistisch-sinnwidrigen Weise (vgl. die vorige Anmerkung) habe derselbe auf Schulden jeder Art angewendet werden können; die Anwendung auf das pondere, numero bestimmte Legat und die Kontroverse hinsichtlich des mensura bestimmten rühre aus einer Epoche her, wo man die legis actio per manus iniectionem über Geldschulden hinaus erstreckte; der Solutionsakt habe diese Veränderungen mitgemacht, da er vermuthlich pari passu mit jener Legisaction ging.

partiri dividere, also auf ein facere, so kann die von Scaevola angerathene nexi liberatio nicht ohne weiteres auf ‚quod ego hereditatem Cn. Magii tecum partiri testamento damnatus sum, me eo nomine a te solvo liberoque' lauten, sondern es musste nach vorheriger auf Vereinbarung der Parteien oder richterlicher Festsetzung beruhender Abschätzung des Werthes der Erbschaft der diesem Werth entsprechende Betrag als Gegenstand der Schuld und der nexi liberatio gesetzt werden, etwa in der Form: quod ego hereditatem 10 milium tecum partiri testamento damnatus sum, me eo nomine etc.[59]) Dass eine solche Zurückführung auf eine feste Geldsumme zulässig war, kann nicht zweifelhaft sein. Wird es doch, schon wegen der mancherlei zur Feststellung des Nettobetrags der Erbschaft erforderlichen Abzüge[60]), in vielen Fällen als räthlich erschienen sein, dass Erbe und Legatar sich auf eine Geldsumme einigten, die dem letzteren als dem Werth der Hälfte des Aktivnachlasses entsprechender Betrag gebührte[61]); und wird uns doch berichtet[62]), dass überhaupt die Frage, ob im Falle der partitio legata[63]) rerum partes an aestimatio debeatur, eine zweifel-

---

59) Selbstverständlich verstösst dies nicht gegen den oben vertheidigten Satz, dass eine nexi liberatio pro parte nicht zulässig sei. — Ueber die Frage, inwiefern der von allen Juristen festgehaltene Satz, dass bei legata incerta die solutio per aes et libram ausgeschlossen ist, mit der von Cicero für das legatum partitionis bezeugten Zulässigkeit dieses Aufhebungsaktes in Einklang zu bringen ist, äussert sich Erman a. a O. nicht.

60) Vgl. l. 8. § ult. l. 9. de leg. II. l. 104 § ult. de leg. I.

61) Cicero pro Caec. cap. 5. § 13. 15. spricht von rationes partitionis und von pecunia ex partitione debita.

62) L. 26. § 2. de leg. I. (Pomp. lib. 5. ad Sab.)

63) Dass in der angeführten Stelle nicht von hereditatis, sondern von bonorum pars legata die Rede ist, wird heutzutage nicht mehr als Gegenargument

hafte gewesen und wenigstens von Sabinus und Cassius, im Gegensatz zu Proculus und Nerva, im letzteren Sinne entschieden worden sei, während Pomponius dem Erben die Wahl lässt, ob er das eine oder das andere zu leisten vorzieht.

Kehren wir nun zu dem Satze zurück, der den Ausgangspunkt unserer Erörterung gebildet hat, dem Satze: in donatione hoc idem secus interpretantur. Ich habe oben (S. 12) gesagt, dass die Auffassung, es werde hier von mortis causa donatio im Gegensatz zum legatum partitionis gesprochen, nicht haltbar sei. Diese Behauptung ist jetzt zu beweisen.

In donatione hoc secus interpretantur: bei der Schenkung interpretiren die Scaevolae dies anders. Was ist das hoc, das anders interpretirt wird? Es kann nichts anderes sein als das vorher besprochene tantundem und minus capere. Damit die in der zweiten Klasse des Scaevola genannten Personen haftbar werden, ist das tantundem capere erforderlich: dies interpretiren sie so, dass der Legatar, obgleich ihm vom Erblasser durch partitionis legatum tantundem zugewandt ist und

angeführt werden. Die Ansicht von C u i a z, S c h u l t i n g u. A. (vgl. Schulting, Iurispr. anteiustin. p. 658 N. 64. Theophilus ad § 5. I. 2. 23. Ed. Reitz p. 495 N. e. in f.), dass zwischen partitio hereditatis und partitio bonorum ein Unterschied bestehe, wird schon durch Ulp. XXIV. 25, wonach im Fall des Legats ,heres hereditatem cum Titio partito dividito' dimidia pars bonorum legata videtur, widerlegt. Vgl. z. B. auch l. 86. pr. de leg. II. (heres mihi esto ex semisse bonorum meorum). — Wenn Paulus in l. 27 de leg. I dem Erben gestattet, vel in paucioribus vel in una relictam partem legatario dare, in quam vel legatarius consenserit vel iudex aestimaverit, ne necesse habeat legatarius in omnibus rebus vindicare portionem, so kann das vindicare nicht von einer actio in rem verstanden werden, denn bei partitio legata ist natürlich von rei vindicatio nicht die Rede, und ebensowenig kann bei den Worten relictam partem an den Fall, wo die Vindication allein möglich ist, an ein Vindicationslegat einzelner Sachen, gedacht werden, da hier selbstverständlich dem Erben ein solches Recht nicht zustehen würde.

er in Folge Todes des Testators bezüglich Antritts des Erben
die rechtlich begründete Forderung darauf erworben, also insofern rechtlich tantundem hat, doch als nicht tantundem, sondern
als minus capiens gilt, wenn er durch eigenen Willensentschluss
thatsächlich etwas weniger vom Erben einfordert, als er zu
fordern das Recht hat und als er zu fordern auch immer noch
das Recht behält; hingegen bei der mortis causa donatio interpretiren sie dies anders -- ja inwiefern denn? Bei der mortis
causa donatio lässt sich, wenn wir den gewöhnlichen Fall der
sofort durch Eigenthums- und Besitzübertragung vollzogenen
Schenkung [61]) supponiren, eine Unterscheidung zwischen Zuwendung von Seiten des Verstorbenen und thatsächlicher
Geltendmachung bezüglich Nichtgeltendmachung derselben
gegen die Erben gar nicht denken. Hat der bei Lebzeiten
des Erblassers mortis causa Beschenkte durch sofort vollzogene
Eigenthums- und Besitzübertragung tantundem erhalten wie
dann den Erben hinterlassen ist, so kann von einem thatsächlichen Nichtgeltendmachen der Schenkung zu einem Theile und
dadurch herbeigeführten minus capere natürlich gar nicht die
Rede sein, da zur Schenkung Annahme des Beschenkten nothwendig ist [65]): er hat also entweder von Anfang an minus erhalten, dann haftet er nach dem von Cicero gebilligten Satz
(zweite Klasse des Scaevola) nicht, mag der Erblasser von vornherein ihm nicht mehr zuzuwenden beabsichtigt haben oder
mag er sich durch die auf der Furcht des zu Beschenkenden
vor der Sacrallast beruhende Weigerung, die Schenkung in
dem beabsichtigten grösseren Betrage anzunehmen, zu einer
deductio haben bestimmen lassen; oder aber er hat effektiv

---

61) Dass hierauf das possessione retenta bei Cicero Top. 6. § 29 geht,
scheint mir nicht zu bezweifeln. Vgl. Leist a. a. O. S. 171. Anm. 56 Hölder
a. a. O. S. 139 in f. 140 i. Anf.

65) So richtig Hölder a. a. O S. 110.

tantundem erhalten und angenommen, dann ist ein dem theilweisen praetermittere des Legatars entsprechendes minus capere gar nicht möglich. Wäre bei den Worten in donatione etc. an die mortis causa donatio und an diese Verschiedenheit zwischen ihr und dem legatum partitionis gedacht, so hätte gesagt werden müssen: bei der m. c. donatio ist für solche Kautel des minus capere kein Raum, unmöglich aber kann dieser Gedanke mit den Worten ausgedrückt werden ,in donatione hoc secus interpretantur'. Eine derartige Gegenüberstellung von Zuwendung und Geltendmachung und eine solche Vergleichung von mortis causa donatio und Legat wäre nur etwa denkbar, wenn erstere in einem klagbaren Schenkungsversprechen bestände: hier wäre die durch den Tod perfekt gewordene Zuwendung kein thatsächliches Haben und es könnte der Beschenkte so gut wie der Legatar ein thatsächliches minus capere bewirken dadurch, dass er das rechtlich ihm gebührende tantundem zum Theile prätermittirt und von den Erben des Schenkers nicht einfordert. Aber abgesehen davon, dass bei dem morte capere schwerlich an den zu Cicero's Zeit noch seltenen Fall des Schenkungsversprechens gedacht ist, warum sollten die Scaevolae gerade hier so blöde gewesen sein? Wer im Interesse der Privaten nach Kautelen sucht, um ihnen gegen den Sinn des pontificalen Prinzips die Last der sacra abnehmen zu helfen, weshalb sollte der vor der mortis causa donatio Halt machen, die er selbst in der zweiten Klasse dem Legat gleichgestellt hat? Wer im Falle des Legats das tantundem capere nicht vom rechtlich erworbenen Anspruch, sondern vom effektiven Geltendmachen desselben und vom thatsächlichen Haben versteht, der hat keinen irgendwie plausiblen Grund, bei der mortis causa donatio durch Versprechen dies anders zu interpretiren. Ob Jemand, der vom Erblasser etwas zugewendet erhielt, eben so viel oder weniger hat als die Erben, ist eine Frage, die von der Art und Form des Erwerbs unabhängig ist.

Und wie würden bei der Annahme, dass das in donatione
secus interpretantur auf die mortis causa donatio ziele, hierzu
die unmittelbar sich anschliessenden Worte „et quod paterfamilias in eius donatione etc.‘ passen? Welche Fülle von un-
haltbaren Ansichten, speziell von philologischer Seite, über
die Bedeutung dieses Satzes aufgestellt wird, ist oben
(S. 6 ff) gezeigt worden. So sehr derselbe richtig verstanden an seinem Platz ist, ihnen gegenüber erscheint der
Balduin'sche Nothbehelf der Annahme eines Glossems als das
kleinere Uebel. Handelte es sich — wovon, wenn einmal mortis
causa donatio angenommen wird, doch ernstlich allein die Rede
sein kann — um eine mortis causa donatio des Erblassers und
um die Frage, ob auf eine solche die von den Scaevolae angerathene Kautel passt, und lautet die Antwort dahin, dass hier
das capere anders interpretirt wird als beim Legat, welchen
Sinn sollte dann die Bemerkung haben: falls der Erblasser
nicht selbst die mortis causa donatio vorgenommen, sondern die von
seinem Haussohn gemachte [66]) approbirt hat, so ist diese
Schenkung des Haussohns gültig, wenn er sie nicht approbirt
hat, ist sie ungültig? Was hat das mit der nach jener Ansicht
zur Erörterung stehenden Frage nach dem minus capere des
Beschenkten zu thun? Und auf den Fall von wessen Tod soll
der Haussohn geschenkt haben? Auf den Fall des Todes seines
Vaters? Das ist keine mortis causa donatio und könnte nicht
mit dem vom Vater ausgesetzten Legat in Parallele gestellt
werden. Oder auf den Fall seines eigenen Todes? Dann hat
ja der Beschenkte beim Tode des Hausvaters noch gar nicht
erworben, es ist noch gänzlich ungewiss, ob die Schenkung

---

[66]) Natürlich auch mortis causa: denn unmöglich kann unter donatio im
ersten Satz die mortis causa donatio, im zweiten die donatio inter vivos verstanden sein.

zur Perfektion kommt oder durch den früheren Tod des Beschenkten hinfällig wird.

Nach allen Richtungen thürmen sich die Bedenken gegen die Ansicht, dass es sich hier um eine mortis causa donatio des Erblassers bezüglich dessen Hauskinds im Gegensatz zum legatum partitionis handele. Eine Nöthigung, wegen des morte testamentove capere der zweiten Klasse des Scaevola oder wegen der zweiten Klasse der antiqui, wenn man sie mit Hölder von der mortis causa donatio verstehen wollte, anzunehmen, dass Cicero wie das Legat so auch die mortis causa donatio zum Gegenstand besonderer Besprechung machen müsse, besteht in keiner Weise. Denn es ist ja Cicero gar nicht um eine systematische Darstellung der verschiedenen Gründe der Haftung für die sacra und ihrer Eigenthümlichkeiten zu thun, sondern die ganze Erörterung von § 46—51 incl. ist in ihrer Anordnung von dem Gedanken beherrscht, dass die Juristen eine fehlerhafte Methode haben, indem sie, statt das einer Lehre zu Grund liegende Prinzip, das unum illud, den locus ipse, das caput, von welchem Alles abhängt und aus dessen Erkenntniss alle Einzelheiten sich für den Verständigen von selbst ergeben, darzulegen, mit unzähligen Detailfragen ihre Bücher füllen: dies ist es, was Cicero speziell an dem Beispiel des legatum partitionis nachweisen zu können glaubt. Sind nun die im Bisherigen angeführten Gründe gegen die Möglichkeit, an ein Hereinziehen der mortis causa donatio zum Zweck des Belegs jener These zu denken, überzeugend, so sind wir gezwungen, die Stelle von einer Schenkung anderer Art zu verstehen.

Dies ist geschehen von de Caqueray[67]) und von Huschke[68]), die freilich Beide auf den Satz ‚et quod paterfamilias etc.‘ sich

---

67) A. a. O. (oben Anm. 26) p. 524 f.

68) Iurispr. anteiust.: Qu Mucius Scaevola § 15 (5 Aufl. p. 16. N 3. 4.)

beschränken und deren Ansichten über die Bedeutung desselben als ebenso unhaltbar wie die früher referirten erscheinen [69]).

De Caqueray meint wunderlicher Weise, Cicero spreche von einer Schenkung des Hausvaters an seinen Sohn. Der Vater habe durch Eigenthumsübertragung donandi causa dem Sohn einen Theil seines Vermögens geschenkt; da nun wegen unitas personae diese Schenkung nichtig gewesen sei, so habe es zu ihrer Gültigkeit der Bestätigung im Testament des Vaters bedurft. C'est ce que Cicéron suppose! Da aber in diesem Falle der Betrag der Schenkung était fixé sur la tête du fils donataire, so habe dieser nicht mehr einen Theil des Geschenks zurückweisen und das Uebrige behalten können: wenn der Betrag der Schenkung durch den Vater in einer Weise bestimmt gewesen sei, dass sich daran die Verpflichtung zu den sacra knüpfte, so sei der Sohn nothwendig daran gebunden, et c'est ce qui fait dire à Cicéron: „Les Scévola donnent une autre interpretation pour la donation. Ce que le père de famille a approuvé à l'égard de la donation faite à son fils est ratifié; mais il n'en est plus de même s'il n'a pas approuvé ce qui a était fait à son insu". — Als ob, von Anderem ganz zu schweigen, das in eius donatione heissen könnte: bei einer Schenkung an denjenigen!

Huschke versteht den zweiten Satz (et quod paterfamilias etc.) mit Recht von einer Schenkung (inter vivos) des Haussohns und schreibt einer solchen einen Einfluss zu hinsichtlich der Frage nach dem tantundem und minus capere. Aber in höchst eigenthümlicher Weise, mit Scheidung der beiden in diesem Satze erwähnten Möglichkeiten.

---

[69]) De Caqueray hält den ersten Satz nicht für einen selbständigen, sondern für einen in Verbindung mit dem zweiten stehenden. Die Ansicht Huschke's ist nicht klar.

Die Worte ‚et quod paterfamilias in eius donatione, qui in ipsius potestate est, approbavit, ratum est' erläutert er dahin: qua ratione cum filius heres plus retinere videatur (suo enim facto habet hereditatem deminutam), partiarius sacris non obligatur. Sonach ist Huschke's Gedanke der: der Sohn als Erbe und der legatarius partiarius haben an sich tantundem, so dass der Letztere nach der zweiten Klasse haftpflichtig sein würde, aber hier muss der filius heres das mit Genehmigung des Vaters gültig Weggeschenkte sich auf seine Hälfte darauf schlagen lassen, da er es ist, der durch seine Handlung das Weggeschenkte der Erbschaft entzogen hat, mithin hat er mehr als die Hälfte und folglich hat der Legatar nicht tantundem, so dass die Voraussetzung für dessen Haftung fehlt. So richtig nun nach einer anderen Richtung hin der Gedanke ist, dass das freiwillig Weggeschenkte nicht so behandelt werden kann, als wäre es nicht capirt, so wenig ist er in der ihm von Huschke gegebenen Anwendung zutreffend. Bei ihr würde das secus interpretari den Gegensatz ergeben: der Legatar, der einen Theil des legirten tantundem nicht einfordert, gilt als minus capiens, weil er eben effektiv nicht tantundem hat wie der Erbe, hingegen der Erbe, der mit Genehmigung des väterlichen Erblassers bei dessen Lebzeiten etwas verschenkt hat, gilt als plus capiens, denn obgleich er effektiv tantundem hat wie der Legatar, so kommt doch dazu noch das, was er haben könnte und in Folge eigener Schuld nicht hat, indem dies dem effektiven Haben gleichsteht. Dass dies ungekünstelt wäre, wird Niemand behaupten: es wird dadurch in die Worte etwas hineingetragen, was nicht in denselben liegt und wozu der Zusammenhang nicht den geringsten Anlass bietet; handelt es sich doch bei der Erörterung Cicero's um eine Kautel für den Legatar, um die Frage, wie es zu bewerkstelligen sei, dass der Legatar durch eigenen Willensentschluss gegen das pontificale Prinzip sich von den sacra frei mache. Was soll hierbei die

Bemerkung über ein früheres Thun des Erben bezüglich des Erblassers, welches ein Nichthaftbarwerden des Legatars zur Folge hat, und wie könnte in dieser Beziehung gesagt werden: hier interpretiren dies die Scaevolae anders? Aber der von Huschke aufgestellte Satz liegt nicht bloss nicht in den Worten, sondern ist geradezu falsch. Wie soll der patre approbante das Vermögen mindernde filius heres dazu kommen, sich den Betrag des Weggeschenkten anrechnen zu lassen? Ob der Erblasser selbst durch eine aus eigener Initiative hervorgegangene Schenkung einen Theil seines Vermögens veräussert oder ob er dies zu thun seinem Hauskinde gestattet, kann einen rechtlichen Unterschied vernünftigerweise nicht begründen: mit demselben Recht würde man jede Anregung, die der Vater von Seiten des Sohns zur Vornahme einer Schenkung erhält, dem letzteren zur Last schreiben müssen und zwar offenbar nicht bloss, wenn er als Erbe, sondern auch wenn er als legatarius partiarius in Frage kommt, und mit demselben Recht würde man behaupten können, dass bei Berechnung der quarta Falcidia der filius heres die auf seine Anregung zurückzuführenden Schenkungen des Erblassers sich anrechnen lassen müsse. Der Satz ,ut sacra iis essent adiuncta, ad quos morte patrisfamilias pecunia venerit' stellt Alles einfach darauf, an wen das beim Tod des Erblassers vorhandene Vermögen gelangt, und bei der Frage nach der Haftung des Legatars kommt es lediglich darauf an, ob er von diesem beim Tode des Erblassers vorhandenen Vermögen tantundem capirt hat: die Berücksichtigung des Bestands, den das Vermögen in einem früheren Zeitpunkte gehabt hat, sei es zum Vortheil oder zum Nachtheil des Legatars, ist ganz unzulässig; hat er von dem effektiven Nachlass wirklich die Hälfte, so kann diese für seine Haftpflicht entscheidende Thatsache nicht darum in Abrede gestellt werden, weil früher einmal der Vermögensbestand ein grösserer war und vom Erblasser selbst, sei es aus eigener

Initiative oder auf Grund der Anregung seines Sohns und
künftigen Erben, durch Schenkung gemindert worden ist.

Nicht minder gezwungen und unrichtig ist die Huschke'sche
Erklärung des zweiten Theils unseres Satzes: quod eo insciente
factum est, si id is non adprobat, ratum non est. Wie Huschke
diese Worte versteht, ergiebt sich aus der Folgerung, die er
aus ihnen zieht: ideoque adhuc in peculio est ad eumque,
cuius peculium fit (velut legatarii partiarii pro parte), etiam
nolentem morte pervenit et sacris cum alligat: quanquam is,
qui cum nulla testamento deductio scripta est, minus ex legato,
quam omnibus heredibus relictum est, ipse capere potest, itaque
sacris non alligatur. Also: obgleich nach der aufgestellten
Kautel der legatarius partiarius durch minus capere in Folge
seines Willens sich von der Sacralpflicht frei machen kann,
fällt ihm doch, auch wider seinen Willen, zu der ihm gebührenden Hälfte das ungültig aus dem Peculium des Sohns Weggeschenkte zu, weil dasselbe rechtlich als noch im Peculium
und folglich im Nachlass befindlich erscheint, so dass er trotzdem zu den sacra verpflichtet ist. Aber schon an sich ist
dieser Satz unmöglich in solcher Allgemeinheit richtig: es würde
das doch mindestens voraussetzen, dass das Weggeschenkte
auch in der dem Legatar zufallenden Hälfte das vom Legatar
Prätermittirte übersteigt. Und warum sollte, wenn sich nachträglich das Verschenkte als noch zum Nachlass gehörig herausstellt, der Legatar nicht das Recht haben, es nicht geltend
zu machen, soweit als zum minus capere erforderlich ist, da
doch nicht der rechtliche Anspruch auf tantundem, sondern das
effektive Haben desselben für die Sacralpflicht entscheidend ist?
Gehört das ungültig Weggeschenkte zweifellos zum Nachlass,
so handelt es sich eben nur um den Betrag des Nachlasses als
solchen: dieser wird zwischen dem Erben und dem Legatar
getheilt und die ungültige Schenkung des filius heres spielt bei

der Frage, ob von Seiten des Legatars ein minus capere vorliegt, gar keine Rolle.

Kann nun unsere Stelle von einer mortis causa donatio nicht verstanden werden und ist bei der allein möglichen Annahme einer donatio inter vivos der Fall einer Schenkung des Erblassers an sein Hauskind ebenso ausgeschlossen wie der einer Schenkung an Dritte, die vom Erblasser entweder direkt oder durch Genehmigung der Handlung seines Hauskinds ausgeht, so bleibt in der That nur Eins übrig: es handelt sich um eine Schenkung des legatarius partiarius, um eine Minderung des erworbenen Vermächtnissbetrags durch seine bezüglich seines Hauskinds unentgeltliche Veräusserung. Werden wir hierauf schon durch das Resultat der bisherigen Beweisführung, wonach eine Schenkung anderer Art nicht denkbar ist, hingewiesen, so wird sich nunmehr zeigen, dass bei dieser Annahme die Stelle nicht nur einen vortrefflichen Sinn erhält, sondern dass sich dieselbe auch aus dem ganzen inneren Zusammenhang positiv als richtig ergiebt.

Das Ziel der drei cautiones Mucianae, die zu Gunsten des legatarius partiarius und nur zu dessen Gunsten statuirt sind, ist das gleiche: der Legatar soll an dem ihm Zugewandten keine oder keine nennenswerthe Einbusse erleiden, er soll im Wesentlichen tantundem bekommen wie der Erbe, und doch die Last der sacra nicht zu tragen haben. Bei der dritten erhält er genau dasselbe, bei den beiden ersten eine Kleinigkeit weniger, die so unbedeutend ist, dass sie materiell gar nicht in Betracht kommt; bei der ersten sorgt der Erblasser für den Legatar, indem er dem Erben den Vorabzug einer kleinen Summe vorschreibt, bei der zweiten sorgt der Legatar für sich selbst, indem er eine Kleinigkeit weniger nimmt, bei der dritten wirken Erbe und Legatar zusammen dahin, dass der letztere, obwohl er voll tantundem erhält, doch nicht haftet, weil dieses

tantundem nicht testamento, sondern stipulatione, nicht aus dem
Nachlass, sondern aus dem Vermögen des Erben an ihn gelangt. Bei der zweiten Kautel nun, bei deren erster Erwähnung
unser Satz steht, bedeutet das minus capere des Legatars nicht
etwa, wie Balduinus[70]), allerdings mit nicht verhehlter Ver-
wunderung über solche Singularität, meint, ein theilweises Aus-
schlagen des Legats in dem Sinne, dass der Legatar das Recht
auf den ausgeschlagenen Theil verlöre. Denn die als zweifellos überlieferte Bestimmung, dass der Legatar nur ganz oder
gar nicht annehmen kann, dass es nicht angängig ist, rei legatae
partem velle, partem nolle, legatum pro parte acquirere, pro
parte repudiare und dass der Legatar, si omnino aliqua ex
parte rem voluerit suam esse, totam acquirit[71]), ist gewiss eine
uralte und die Scaevolae waren zu gute Juristen, als dass sie
lediglich zum Zweck der Umgehung eines pontificalen Satzes
an dieser Bestimmung zu rütteln gewagt hätten. Es handelt
sich vielmehr bei diesem minus capere lediglich um ein rein

---

70) l. c. p. 471: sed iure singulari ea (cautio) defendatur necesse est, nam
iure communi non licet legatario partem legati capere, partem repudiare, praeser-
tim si hoc in fraudem faciat — mirum vero, quod non solum Scaevola partem
pecuniae legatae repudiare permittat, ut sacrorum onus reiciatur, sed et Cicero
deinde significet, partem illam repudiatam deinde exigi posse ab herede legatarii;
hoc profecto non liceret iure communi, quod posteriores iuris consulti nobis reli-
querunt.

71) L. 4. de leg. II. l. 36. pr. de leg. I. l. 58 de leg. II. — Von dem
Falle, dass, wenn mehrere einzelne Sachen legirt sind, der Legatar das eine Vermächtniss annehmen, das andere repudiiren kann (l. 6. pr. de leg. II.), ist natürlich hier beim legatum partitionis nicht die Rede. Uebrigens würde auch, wenn
durch Vermächtniss mehrerer einzelner Sachen dem Legatar tantundem hinterlassen wäre wie dem Erben, doch das unum repudiare, alterum amplecti posse
nicht platzgreifen, da dieser Satz dann eine Ausnahme erleidet, wenn auf dem
einen Vermächtnisse ein onus liegt, l. 5. § 1. de leg. II. l. 22 pr. de fideic.
libert. 40. 5. — Ebensowenig kommt der Fall in Betracht, wo ein theilweises
Nichtannehmen durch Gesetz, z. B. die Lex Voconia, geboten ist.

7

negatives Verhalten, um ein thatsächliches Nichtgeltendmachen, ein non exigere und praetermittere[72]). Der Beweis hierfür wird geliefert durch eine der quaestiunculae, welche nach Cicero (§ 51) aus dem Satze, dass der Legatar durch solches minus capere sich der Sacralpflicht entzieht, wieder entstehen, und die einen weiteren Beleg bilden soll für die Berechtigung des Vorwurfs, dass die Juristen das, quod positum est in una cognitione, in infinitam dispertiuntur. Der Fall, den diese Unterfrage betrifft, ist der[73]): der legatarius partiarius hat in eigener Person minus capirt, ne sacris alligetur, er stirbt mit Hinterlassung mehrerer Erben, von denen der eine zu dem ihm als Erben

---

72) So richtig Bachofen Lex Voconia S. 52. Leist a. a. O. S. 193 ff.

73) Inkorrekt ist das von Wyttenbach (Moser-Creuzer p. 314) zur Erläuterung dieses Falles aufgestellte und von Feldhügel II. 217 f. gebilligte Beispiel: Erbschaft 10000, Legat 6000, der Legatar fordert nur 4000 ein, sein Erbe fordert dann die restirenden 2000. — Cicero nimmt ausdrücklich mehrere Erben des Legatars an, von denen nur der eine pro sua parte das Prätermittirte nachfordert. — Richtiger Turnebus (Moser-Creuzer p. 670): Erbe ⁵ „, Legatar ¹/₁₂, letzterer fordert nur ¹/₁₂, der eine von den 2 Erben des Legatars fordert das auf ihn fallende 1¹/₂ Zwölftel, so dass ex legato 5¹/₂ Zwölftel capirt sind, während der Erbe des Verstorbenen 5 Zwölftel hat. — Komplizirter ist das Beispiel von Leist S. 194. — Da Cicero mehrere Erben des Legatars und nur einen von ihnen pro sua parte auf das praetermissum klagend annimmt, so muss, wenn das von Cicero gesetzte Resultat ‚ut ea pecunia non minor esset facta cum superiore exactione quam heredibus omnibus esset relicta' überhaupt möglich sein soll, das legatum partitionis, wie auch in allen diesen Beispielen angenommen ist, auf eine grössere Quote als die Hälfte gegangen sein, was als zulässig Ulpian frg. XXIV. 25 (andere in l. 164. § 1. de V. S.) nicht erkennen lässt. — Zweifelhaft bleibt, was mit dem von den Erben des Legatars faktisch nicht Nachgeforderten wurde: wäre es an den Erben des Testators gefallen, so würde nicht ex legato tantundem capirt sein (man müsste denn auf den Betrag des im Testamente dem Erben Zugewandten das entscheidende Gewicht legen); wäre es von dem anderen Erben des Legatars später noch gefordert worden, so würde es nicht gerechtfertigt sein, den Erstfordernden sine coherede haften zu lassen; in der Schwebe konnte aber doch die Sache auch nicht bleiben. Dass Jemand diese Zweifel durch das referre ad caput per se ipse facile perspiciat, wird sich schwer halten lassen!

gebührenden Theil dasjenige, was sein Erblasser nicht einge-
fordert hatte (id quod ab eo, quoi ipse heres esset, praetermissum fuisset), gegen den mit dem legatum partitionis belaste-
ten Erben einklagt. Es ist klar, dass das praetermittere des
Legatars kein rechtswirksames repudiare sein kann. Denn
hätte der Legatar zulässigerweise einen Theil des Legats aus-
geschlagen, so würde sein Erbe nicht mehr in der Lage sein,
auf diesen Theil einen Anspruch zu erheben: er kann wohl
nachfordern, was sein Erblasser faktisch noch nicht geltend
gemacht, nicht aber fordern, was jener rechtlich aufgegeben
hat. Es steht sonach ausser allem Zweifel, dass es für den
Begriff des tantundem und minus capere lediglich auf das thatsächliche Haben ankommt [71]. Das tantundem capere der zwei-

---

[71] Dabei ist ein zweifaches bemerkenswerth. Einmal, dass weder der ver-
storbene Legatar selbst tautundem hat noch auch dieser sein Erbe: denn letzterer
hat als einer von mehreren Erben eben nur einen Theil des von seinem Erblasser Capirten capirt, und wenn er nun zu diesem Theil das von seinem Erblasser Prätermittirte pro sua parte hinzuerwirbt, so hat er natürlich noch immer
nicht tantundem quantum omnibus heredibus relictum est. Es genügt aber eben,
dass überhaupt ex legato tantundem capirt ist, so dass eine Zusammenrechnung
des vom Legatar selbst thatsächlich Erworbenen und des von seinem Erben nachträglich Geltendgemachten stattfindet und das Legat dann als mit den sacra be-
lastet erscheint, wenn sich durch diese Zusammenrechnung eine gleich grosse
Summe wie die bei den Erben verbleibende ergiebt (si ea pecunia non minor
esset facta cum superiore exactione); nur dass die auf dem Legat liegende Last
nicht von sämmtlichen Erben des Legatars getragen werden muss, sondern lediglich von demjenigen, der durch sein nachträgliches exigere des praetermissum die
alleinige Ursache des Nichtfreibleibens des Legats ist. — Bemerkenswerth ist noch
ein Anderes. Der von Cicero erwähnte Fall, dass die von einem der mehreren
Erben des Legatars pro sua parte nachgeforderte Summe zusammen cum superiore
exactione non minor esset facta quam heredibus omnibus esset relicta ist nur
denkbar, wenn dem Legatar im Testament eine grössere Quote als die Hälfte zugewandt ist (vgl. die vorige Anm.). Zur Zeit der Scaevolae war aber nach der
Lex Voconia ein wirksames Legat von mehr als der Hälfte des Nachlasses nicht
möglich. Ist nun auch die Lex Voconia eine lex imperfecta (Huschke, Gaius
S 52), so war doch ein rechtlich durchführbarer Anspruch auf mehr als die

7*

ten Klasse des Scaevola entspricht insofern dem quippiam
capere der dritten Klasse der antiqui: dem si maior pars pecuniae legata est, si inde quippiam cepit würde korrespondiren
si tantundem legatum est, si tantundem cepit, in beiden Klassen
ist thatsächliches Erhalten, effektives Haben, die Voraussetzung
der Haftung [75]).

Hälfte nicht begründet. Demnach ging, wenn der Legatar, um der Sacralpflicht
sich zu entziehen, weniger als die Hälfte geltend gemacht hatte, die Klage seiner
Erben nicht auf den vollen Betrag seines Legats abzüglich des schon Geltendgemachten, sondern nur auf den Rest bis zum Belauf der Hälfte. Wenn nun
bloss einer der mehreren Erben des Legatars klagt, so kann er, da er seine Miterben nicht von vornherein von der Geltendmachung ihres Antheils auszuschliessen
vermag, nicht den vollen Rest bis zur Hälfte der Erbschaft einfordern, sondern,
wie ja Cicero auch ausdrücklich sagt, nur pro parte sua. Dann kommt aber eben
beim Zusammenrechnen des vom Legatar selbst Erhobenen und des von einem
seiner Erben Eingeforderten niemals tantundem quantum omnibus heredibus relictum est heraus. Also z. B. Erbschaft von 12000, Legat von ¹, = 8000, nach
der Lex Voconia kann der Legatar nur 6000 fordern, er fordert, um den sacra
zu entgehen, bloss 4000. Der Anspruch auf 2000 ist noch begründet: wäre der
Legatar mit Hinterlassung eines einzigen Erben verstorben, so könnte dieser die
2000 nachfordern; ist er aber mit Hinterlassung von zwei Erben verstorben, so
kann der eine von ihnen nicht die vollen 2000 nachfordern, sondern nur pro parte sua,
also 1000; es ist alsdann ex legato capirt 1000 + 4000, also nicht tantundem wie
die Erben des Testators haben (6000). — Mithin muss diese quaestiuncula entweder von einem der antiqui aufgeworfen sein, oder sie ist von Cicero selbst ohne
Berücksichtigung des in der Lex Voconia liegenden Hindernisses aufgestellt: von
den Scaevolae kann sie nicht stammen, man müsste denn annehmen, dass bei den
Erben im Gegensatz zum Legatar das Gewicht nicht auf dem Haben, sondern
auf der testamentarischen Zuwendung liege, wofür man sich jedenfalls auf die
Wendung 'minus capere quam omnibus heredibus relinquatur' u. ä. (§ 50. 51.
53) nicht berufen darf, da ihr die andere 'tantundem capere quantum omnes
heredes' (§ 48. 52) gegenübersteht, und wogegen die Bestimmung der Lex
Voconia, ne cui plus legatorum nomine capere liceret quam heredes caperent,
spricht, ganz abgesehen davon, dass bei dieser Annahme ex legato wieder mehr
capirt würde (1000 + 4000) als dem Erben im Testament zugewandt ist (4000).

75) Wie das quippiam capere nach den antiqui genügt, um haftbar zu
machen, so genügt bei dem für die Haftpflicht aufgestellten Erforderniss des
tantundem capere das quippiam non capere, beides im Sinn des thatsächlichen

Wenn man nun festhält, wie hier das thatsächliche Haben
urgirt wird und wie das thatsächliche Nichthaben eines kleinen
Theils des Vermachten schon ausreicht, um von der Sacralpflicht zu befreien, und bedenkt man weiter, dass nach der
dritten Kautel sogar das Wiederaufheben des rechtlich vollständig eingetretenen Erwerbes der Legatsforderung durch
nexi liberatio trotz des Wiedererlangens desselben Betrags
durch stipulatio die gleiche Wirkung im Gefolge hat, so lag für
einen schlauen das Interesse des Legatars im Auge habenden
Juristen der Gedanke nicht fern, zu sagen: auch wenn der
Legatar das Legat rechtlich voll erworben und thatsächlich
ganz geltend gemacht hat, so gilt er doch nicht als tantundem
capiens, wenn er nachträglich durch Schenkung einen Theil
des Erworbenen aufgiebt. So weit aber, erkennt Cicero an, sind
die Scaevolae nicht gegangen: in donatione hoc secus interpretantur, sie interpretiren das capere nicht auch in dem Sinne
als thatsächliches Haben, dass sie auch die durch freiwilliges un-
entgeltliches Weggeben eines Theils des Erworbenen herbei-
geführte Minderung des tantundem als ein von der Sacralpflicht
befreiendes minus capere auffassten [76]); et quod paterfamilias in
eius donatione etc.: und wenn etwa der Legatar sein Weniger-
haben darauf stützen und den Einwand, dass er sich auf sein
nachträgliches Mindern des tantundem nicht berufen könne,
damit widerlegen wollte, dass er nicht selbst es gewesen sei,

---

Habens. Dieses Betonen des Faktischen bei der interpretatio der Scaevolae
weicht von dem sonst festgehaltenen Begriffe des capere ab: denn wenn nach
l. 13. de R. I. non videtur cepisse, qui per exceptionem a petitione removetur,
so wird derjenige, dem eine durch exceptio nicht elidirbare Klage zusteht, schon
als capirend betrachtet.

76) Nur wo die rechtliche Verpflichtung zum Wiederherausgeben besteht,
wird das capere geleugnet, l. 51. de R. I.

der die Schenkung gemacht, sondern sein Hauskind[77]), so kann
er auch damit nicht gehört werden, denn entweder hat er diese
Schenkung approbirt, dann ist allerdings die Schenkung des
Hauskindes gültig und faktisch nicht mehr tantundem beim
Legatar, aber es liegt dann auch die Sache nicht anders, als
wenn der Legatar in eigener Person geschenkt hätte, da die
Schenkung eben nur kraft seines Willens Bestand hat, oder
aber der Sohn hat die Schenkung insciente patre vorgenommen
und dieser hat sie auch nicht nachträglich genehmigt, dann
ist die Schenkung ungültig und von einem Nichthaben des vom
Sohn Weggeschenkten nicht die Rede[78]).

Nur Eins könnte man gegen diese Erklärung einwenden
wollen: dass in dem Satze ‚quom est partitio, ut si in testamento
deducta scripta non sit ipsique minus ceperint etc.‘ von einer
Interpretation des capere als effektiven Habens, zu welcher das
secus interpretari im Gegensatz stünde, nicht gesprochen ist
und dass der von uns angenommene Sinn sich erst ergiebt, wenn
man den Satz des § 51 über die Nachforderung des vom Legatar Praetermittirten und die dritte Kautel sich vergegenwärtigt.
Aber man muss doch festhalten, dass, so gut wie wir aus der
Darstellung Cicero's den ganzen Zusammenhang vor Augen
haben, Cicero selbst sich dessen bewusst ist, was er sagen will,
dass ihm in der Erörterung, die zunächst durch das Leitmotiv

— — —

[77]) Man kann daran denken, dass der Haussohn der Legatar ist oder dass
der Vater ihm das Legat als peculium überlassen hat, nothwendig ist dies nicht.

[78]) Damit steht auch das Folgende (his propositis etc.) in guter Verbindung:
wie trotz des späteren Wegschenkens aus dem erworbenen Vermächtniss durch
den Legatar oder sein Hauskind doch der Erwerb von tantundem und folglich
Haftung für die sacra anerkannt werden muss, so ist trotz des minus capere von
Seiten des Legatars doch ein Erwerb von tantundem ex legato vorhanden, wenn
später von einem Erben des Legatars so viel nachgefordert wird, dass der Betrag der Hälfte des Nachlasses herauskommt.

die mangelhafte Methode der Juristen nachzuweisen beherrscht ist, bereits der erst im Folgenden formulirte Vorwurf: choc ego loco multisque aliis quaero a vobis, Scaevolae, quid sit quod ad ius pontificium civile appetatis? civilis enim iuris scientia pontificium quodam modo tollitis' vorschwebt und dass daher die Bedeutung des minus capere, die für uns erst aus dem auf den obigen Satz Folgenden vollständig klar wird, für ihn schon gegeben war, als er die Kautel des minus capere zuerst erwähnt[79]. Dass unter dem capere nach der Interpretation der Scaevolae ein thatsächliches Haben zu verstehen war, stand ihm natürlich fest, und mit dem in donatione hoc secus interpretantur erklärt er eben, dass sie das capere als thatsächliches Haben nicht in dem Sinne urgiren, als ob nun auch ein Wegschenken des thatsächlich bereits Erworbenen als zum minus capere und zur Befreiung von der Sacralpflicht ausreichend erachtet würde.

[79] Auf das Lob besonders guter Anordnung kann ohnehin die ganze Darstellung keinen Anspruch machen, die beiden Thesen: mangelhafte Methode und Umsturz des pontificalen Rechts kreuzen sich wiederholt.

THEATER-PROZESSE.

VON

ERNST MAYER.

§ 1. Ein Schutz der Autoren gegen Bühnenaufführung ihrer Stücke wurde zuerst geschaffen durch das preussische Gesetz vom 11. Juni 1837. Hier ist dem Autor, seinen Erben oder Rechtsnachfolgern das ausschliessliche Aufführungsrecht gewahrt für Lebzeiten des Autors und zehn Jahre nach seinem Tode (§ 32). Die Bundesgesetzgebung gab durch Beschluss vom 22. April 1841 anfänglich nur einen Schutz für 10 Jahre nach der ersten Aufführung; erst durch Beschluss vom 12. März 1857 wird die preussische Frist angenommen. Der Schutz fiel nach dem preussischen Gesetze weg, sobald das Werk durch Druck veröffentlicht war. Durch ein preussisches Gesetz vom 20. Februar 1854 und durch den Bundesbeschluss vom 12. März 1857, der durch Patent vom 4. Mai 1857 auch in Preussen eingeführt wurde, ist dem Autor nachgelassen, das Aufführungsrecht durch eine ausdrückliche Erklärung auf den Druckexemplaren sich vorzubehalten (Ziffer 2 des Beschlusses). Durch das Reichsgesetz vom 11. Juni 1870 ist nun aber das Recht zur Aufführung eines dramatischen und dramatisch-musikalischen Werkes vollkommen gleichgestellt dem Rechte zur mechanischen Vervielfältigung desselben. Das Aufführungsrecht steht dem Urheber, seinen Erben oder Rechtsnachfolgern bis zu 30 Jahren nach dem Tode des Urhebers zu; durch einen Vorbehalt bei der Veröffentlichung ist es nicht bedingt. Wegen absichtlicher oder fahrlässiger Verletzung des Rechtes ist an den Berechtigten der ganze Betrag der Einnahmen aus der Aufführung zu zahlen, insoweit dieselbe sich ausschliesslich auf das betreffende Stück bezieht; werden neben diesem noch andere

8*

Stücke vorgeführt, so findet Theilung des Betrages statt. Trägt
der Veranstalter keine Schuld, so haftet er nur bis zur
Höhe der Bereicherung. Die Wirksamkeit des Gesetzes ist
auch erstreckt auf die vor seinem Inkrafttreten erschienenen
Werke (§ 58, Absatz 1): das frühere Landesrecht ist beseitigt
(§ 57). Diese zeitliche Erweiterung des ausschliesslichen Aufführungsrechtes hat nun in der Folgezeit zu folgenden Zweifeln
Anlass gegeben: 1. Das Werk war nach früherem Rechte nie
geschützt, besonders wegen Veröffentlichung überhaupt oder
wegen vorbehaltsloser Veröffentlichung. Trotzdem hat der
Theaterunternehmer dem Autor ein Honorar gezahlt. Steht
hier das durch das Reichsgesetz von 1870 geschaffene ausschliessliche Aufführungsrecht dem Autor bezw. seinen Erben
oder steht es dem Theaterunternehmer zu? 2. Das Werk war
geschützt und im Laufe der Frist ist das Recht, dasselbe aufzuführen, vom Urheber an einen Theaterunternehmer veräussert
worden. Später wird das Werk schutzlos, erhält aber erneuten
Schutz durch die längere reichsrechtliche Frist. Wem kommt
in diesem Falle das Aufführungsrecht zu, dem Autor oder dem
Theaterunternehmer? 3. Das Werk war noch bei dem Inkrafttreten des Reichsgesetzes geschützt; das Aufführungsrecht ist
an einen Unternehmer abgetreten; durch das Reichsgesetz ist
die Schutzfrist verlängert: früher erstreckte sie sich nur auf
10 Jahre nach dem Tode des Autors, jetzt auf 30 Jahre. Wem
steht die Verlängerung zu, dem Urheber oder dem Theaterunternehmer? — Diese Rechtsfragen sind zur Entscheidung des
Reichsoberhandelsgerichtes und dann des Reichsgerichtes gelangt. Zuerst in dem Urtheile in Sachen Cerf gegen Hillern
vom 16. Mai 1873, dann dem Urtheile in dem bekannten Leip-
ziger Theaterprozess vom 21. April 1874 [1]), welches ausserdem
wesentlich die Frage berührte, ob das von einem Theater-

---

direktor erworbene Aufführungsrecht auch auf dessen Nachfolger übergeht, das für ein Theater erworbene Aufführungsrecht sich auch auf ein anderes Theater bezieht, wenn dieses an Stelle des bisherigen Theaters getreten ist. Späterhin kommen in Betracht Urtheile des Reichsoberhandelsgerichtes vom 27. November 1874, vom 8. Februar 1878, vom 17. Mai 1878[1]). Gegen diese Urtheile hat sich die Litteratur mit annähernder Einmüthigkeit ausgesprochen, vor allem in folgenden Abhandlungen: v. Hillern, Streitfragen aus dem Autorrechte 1876; Reuling, Beiträge zur Lehre vom Urheberrechte [3]) (Beitrag III); Thöl, Theaterprozesse (1880). Ausserdem sind unter den kürzeren Aeusserungen die Ausführungen von Klostermann [4]) und Kohler [5]) zu erwähnen. Lediglich Goldschmidt, wohl der Verfasser der ersten beiden Urtheile, hat sich in Noten zu Reulings Aufsatz der Rechtsprechung angenommen. Trotzdem hat das Reichsgericht an dieser Rechtsprechung festgehalten [6]). Im Folgenden soll nun versucht werden, die Anschauung der Praxis wenigstens theilweise mit neuen Gründen zu vertheidigen.

§ 2. Das Reichsoberhandelsgericht und Reichsgericht ist der Ansicht, dass das Aufführungsrecht eines am 1. Jan. 1871 [7])

---

[2] R.-O.-H.-G. XV n. 57; XXIII n. 118 n. 126.

[3] Goldschmidt's Zeitschr. für das gesammte Handelsrecht Bd. 23 S. 70 ff. 1878.

[4] Klostermann, das Urheberrecht an Schrift- und Kunstwerken. 1876 S. 171—185.

[5] Neue Zeit: Wochenschrift für deutsches Theater und Urheberrecht. 1879 N. 44. Autorrecht in Iherings Jahrbüchern Bd 13. 1880 S. 443—448; vergl. ausserdem Patentrecht S. 712, 713.

[6] Entscheidungen des Reichsgerichtes in Civilsachen III n. 45, VI n. 7; hier die Angabe, dass in III n. 45 auf die Abhandlung Thöls Rücksicht genommen ist.

[7] Dem Tage, an dem das Reichsgesetz in Kraft trat.

landesgesetzlich geschützten Werkes für die reichsgesetzliche
Frist demjenigen zusteht, welchem es vom Urheber oder seinen
Erben unter der Herrschaft des Landesgesetzes ohne Be-
schränkung auf bestimmte Zeit abgetreten wurde[8]). —

I. Die Praxis beruft sich dabei zunächst auf den Vertragswillen[8]). In den Verhandlungen Marschners mit der
Mannheimer Theaterdirektion erklärt der Komponist: „ . . . . .
dann können Sie die Oper aufführen, sobald und so oft es
Ihnen gefällt"[10]). Das Gericht nimmt an, der Urheber habe
damit jedes gegenwärtige und künftige Recht übertragen
wollen. Diese Absicht müsse nun allemal da präsumirt werden, wo das Recht ohne zeitliche Beschränkung übertragen
wurde, auch wenn die Ausdrucksweise eine ganz knappe war.
Dass diese Aufstellungen blosse Behauptungen ohne Begründung sind, hat Thöl sehr scharf nachgewiesen. Allerdings
ist es möglich, dass der Autor auf jedes Recht an seiner
Schöpfung verzichten wollte, ohne einen Unterschied zwischen
gegenwärtigem und zukünftigem Rechte zu machen. Interpre-
tationsregeln wie: semper in obscuris quod minimum sequi-
mur schliessen die Möglichkeit eines solchen Vertragswillens
nicht aus: ob derselbe rechtlich zulässig ist, sei vorderhand
dahin gestellt. Allein wahrscheinlich ist diese Möglichkeit nicht, und noch weniger ist sie in dem Grade wahrscheinlich, dass das Gegentheil ausdrücklich bewiesen werden müsste.
Eine gesetzliche Präsumtion besteht von vornherein nicht. Umgekehrt: im Zweifel ist anzunehmen, dass nur über das gegenwärtige Recht disponirt werden wollte. Daraus folgt aber

---

8) Namentlich XV S. 57.

9) Hierzu bes. Thöl S. 27 ff.

10) R.-O.-H. G. 15 S 199.

noch nicht, dass der Veräusserer das zukünftige Recht sich
reserviren wollte: so unwahrscheinlich, wenn auch möglich es
ist, dass der Veräusserer auch das zukünftige Recht übertragen
wollte — ob er es konnte, ist, wie angedeutet, eine andere Frage
— so unwahrscheinlich, wenn auch möglich ist es, dass er das zukünftige Recht sich zurückbehalten wollte. Das Wahrscheinliche
ist, dass er bezüglich des zukünftigen Rechtes gar nichts wollte,
weil er überhaupt nicht daran dachte. Daraus folgt dann: Wenn
durch künftiges dispositives Recht die Erweiterung eines Anspruches dem Erwerber, nicht dem Veräusserer des Anspruches
zu Gute kommen sollte, so wird eine solche dispositive Norm in
ihrer Wirkung durch den Veräusserungsvertrag eben so wenig
ausgeschlossen, als sie andererseits überflüssig gemacht wird[11].

II. Die Frage ist nur, ob nach positivem Rechte, auch ohne
Vertrag, die Fristerweiterung dem Theaterunternehmer zukommt.
Die Antwort wird zunächst davon abhängig sein, wie man die
rechtliche Stellung desjenigen Unternehmers konstruirt, der das
Aufführungsrecht unbeschränkt nach Raum und Zeit erworben
hat. In mehr oder weniger bestimmter Weise wird nun hier
von einigen Autoren die Behauptung aufgestellt, dass das Urheberrecht als solches überhaupt nicht veräussert werden könne:
das Recht selbst verbleibe allemal bei dem Urheber bezw. bei
seinen Erben, lediglich die Ausübung des Rechtes sei übertragen.
Am schärfsten hat diesen Gesichtspunkt Reuling durchgeführt[12]. Seine Argumentation ist die: vollkommener Erwerb

[11] Unter den Deutschen hat namentlich v. Hillern dies übersehen, dann
durchweg die französische Praxis, die in der vorliegenden Frage m. E. nicht
sehr ergiebig ist.

[12] Goldschmidt's Zeitschr. S. 70 ff.; ausserdem Dahn in Behrends Zeit-
schrift für Gesetzgebung und Rechtspflege in Preussen V S. 6. — Nicht hierher zu rechnen sind die Autoren, die den vollkommenen Rechtsübergang durch

von Rechten ist nur dann möglich, wenn in der Person jedes neuen
Erwerbers die Existenzbedingungen des Rechtes von Neuem
begründet werden. Mit anderen Worten: es müssen bei dem
Erwerb des Rechtes durch eine dritte Person mindestens alle
diejenigen Bedingungen erfüllt werden, die bei Erwerb durch
den bisherigen Inhaber vorlagen. Warum? ist eigentlich nicht
gesagt. Zudem widerspricht die Theorie in allen Beziehungen
dem positiven Recht: Eigenthumserwerb könnte darnach nur
stattfinden durch Okkupation, allerdings bedingt durch De-
reliktion des bisherigen Erwerbers: dieser Gesichtspunkt passt
zur Noth noch auf die Singularsuccession [13], lässt aber vollkommen im Stich bei der Universalsuccession, die vielleicht
allerdings von Reuling aus unbekannten Gründen seiner allgemeinen Regel nicht unterstellt wird. Um andere Beispiele
zu bringen: bei der Ablösung des gutsherrlichen Verbandes
erwirbt der bisherige Colone Eigenthum dadurch, dass er sich
bereit erklärt, die Ablösungssumme zu zahlen oder nach anderen
Rechten dadurch, dass er sie baar erlegt. Dieser Weg des
Eigenthumserwerbes, die Ausübung eines eigenthümlichen Ex-
propriationsrechtes, ist natürlich für jeden Rechtsnachfolger
ausgeschlossen und dennoch zweifelt kein Mensch, dass das

Verlagsvertrag leugnen: so bestimmt Klostermann U.-R. S. 150—152 (vgl. 151
ret.), anscheinend auch Kohler A.-R. S. 412 (a. a. O.). Immerhin muss betont
werden, dass ein Verlagsvertrag — die im Texte folgenden Behauptungen als
richtig vorausgesetzt — das Recht als solches übertragen kann: nur ist eine
solche Absicht der Partei nicht zu vermuthen, weil der Autor regelmässig ein
Interesse an der Person des Verlegers hat. Bei dem Aufführungsvertrage dagegen
fällt dieses Interesse sehr häufig wenigstens dadurch hinweg, dass der Urheber nicht
unmittelbar mit dem Theaterunternehmer kontrahirt, sondern sein Urheberrecht
an Theateragenten überträgt, der Theateragent aber kein Interesse an der Person
des Theaterleiters hat.

13) Reuling a. a. O. S. 73.

Eigenthum auch hier auf den Rechtsnachfolger übergeht. Das
Bergwerkseigenthum wird erworben durch Verleihung in Folge
Mutung — wieder eine für jeden Rechtsnachfolger undenkbare
Erwerbsform. — Muss die Argumentation von Reuling ab-
gelehnt werden, so kann man weiter überhaupt an dem
Werth der Unterscheidung zwischen jus und exercitium,
zwischen Innehaben des Rechtes als solchem und voller Ausübung des Rechtes zweifeln. Allerdings findet sich eine
anklingende Unterscheidung schon in den Quellen des gemeinen Rechtes für den Niessbrauch [14]. Der Mann, dem vom
Eigenthümer eines Grundstückes als dos der Niessbrauch
an diesem Grundstücke bestellt ist, soll denselben nach erfolgter Ehescheidung an die Frau restituiren: das Recht an
sich zu übertragen ist aber unmöglich und man hilft sich
deshalb mit Vermiethung oder Scheinverkauf des Früchtebe-
zuges — ut ipsum quidem ius remaneat penes maritum, per-
ceptio vero fructuum ad mulierem pertineat. Allein man muss
bedenken, dass der Ususfruktus von Haus aus etwas absolut
unübertragbares, an die Person und das rechtliche Schicksal
der Person geknüpftes ist. Allerdings ist es wohl von jeher
möglich, den Bezug der Früchte Dritten zu überlassen, aber
eine eigene dingliche Klage haben diese Bezugsberechtigten
nicht: erst allmählich kommt im prätorischen Recht eine dingliche Klage auf [15]. Ursprünglich muss der Usufruktuar als
Kläger auftreten oder den Bezugsberechtigten zum Prozessver-
treter bestellen. Ursprünglich bleibt also die rechtliche Befugniss dritten Personen gegenüber beim Usufruktuar zurück.
Infolge der Ausbildung einer eigenen, nicht bloss cedirten Klage
des Erwerbers tritt aber dann eine Erscheinung zu Tage, die

14) l. 66 D. de iure dot.

15) l. 11 § 2 D de pignorib. et hypoth.

9

überall wiederkehrt, wo durch allmähliche gewohnheitsmässige
Entwickelung der ganze Komplex der rechtlichen Befugnisse
von dem bisherigen Inhaber des Rechtes auf eine andere
Person übergeht: man kann sich nicht entschliessen, dem bisherigen Inhaber das Recht abzusprechen, weil es ihm durch kein
Gesetz ausdrücklich genommen ist und so hilft man sich dadurch,
dass man zwischen formellem Innehaben des Rechtes und thatsächlicher Ausübung trennt: es ist dieselbe Auffassung, der im
römischen Rechte der Unterschied zwischen dem ius Quiri-
tium und in bonis esse, in dem ähnlich entstandenen eng-
lischen Rechte der Unterschied zwischen trustee und celui
qui trust seine Entstehung verdankt. Die Unterscheidung ist
das Erzeugniss einer unbeholfenen unfertigen Jurisprudenz : ein
Recht, dessen Befugnisse sämmtlich von einer anderen, als der
angeblich berechtigten Person ausgeübt werden, ohne dass die
erstere irgend von den Anweisungen der letzteren abhinge,
steht aber auch rechtlich der ausübenden Person zu: so haben
denn die römischen Juristen, die von Verkauf des Ususfruktus
reden, das Richtige getroffen, trotz der Aeusserungen der justi-
nianischen Institutionen [16]). Natürlich kann dann die konstruktiv
schiefe Unterscheidung auch nicht dem modernen Recht zu
Grunde gelegt werden. Am allerwenigsten ist dies da zulässig, wo vom positiven Rechte der zur Ausübung des Rechtes
auch gegenüber dem angeblichen Inhaber Befugte als Rechtsnachfolger bezeichnet wird: dies ist der Fall sowohl nach älterem Autorrecht, als nach dem Reichsgesetze über Urheber-

---

[16]) § 4 J. II 4. Zur Vergleichung sei daran erinnert, dass die unklare
Vorstellung von einer Trennung der Innehabung und Ausübung eines Rechtes
auch im Staatsrecht wiederkehrt; vgl. hierzu meine Ausführungen in Hirth's und
Seydel's Annalen des deutschen Reiches 1887 S. 553.

recht [17]. Wo eine Nachfolge in Rechte stattfindet, steht das
Recht begrifflich dem Nachfolger zu [18]).

Ist aber der Theaterunternehmer wirklich Rechtsnachfolger des Urhebers? Das Urheberrecht an Dramen und Opern
gewährt nicht nur das ausschliessliche Aufführungsrecht, sondern weiter das Recht zu ausschliesslicher mechanischer Vervielfältigung und Uebersetzung. Dem Theaterunternehmer
wird nun regelmässig nur das Aufführungsrecht übertragen
sein. Von einer Rechtsnachfolge in das ganze Urheberrecht
ist also nicht die Rede: ob von einer Rechtsnachfolge in
einen Theil? Es ist hier nöthig, mit einigen Worten auf
die rechtliche Natur des Urheberrechts einzugehen. Ich be-
trachte es als zweifellos, dass die Urheberrechte absolute Rechte
an einer unkörperlichen Sache sind, verwandt aber nicht wesens-
eins mit dem Eigenthume, mit dem ausschliesslichen Rechte an
der Absatzgelegenheit, an der Triebkraft des Wassers, an der
Herrschaft [19]). Der Unterschied zwischen Autorrechten und
Eigenthum liegt nun nicht im Objekte. Allerdings kennt das
römische Recht als Rechtsobjekte nur körperliche Sachen,
allein nur deshalb, weil eben unkörperliche in der römischen
Zeit keinen Vermögenswerth hatten. Das Mittelalter hat dann

---

17) Preuss. Ges. vom 11. Juni 1837 § 32; B.-Beschl. v. 22. April 1841 Z. 1;
v. 12. März 1857 Z. 1; R.-G. v. 11. Juni 1870 § 3 mit § 50 („Rechtsnachfolgern
[§ 3]⁴!); vgl. auch bayer. Ges. v. 28. Juni 1865 a. 50.

18) Vgl. zum Ganzen Stobbe Pr. R. III S. 44. Auf die Beweisführung
aus der „höchst persönlichen Natur" des Urheberrechtes gehe ich nicht ein, einmal, weil das „höchst persönlich" überhaupt kein Rechtsbegriff ist, dann, weil,
selbst wenn es einer wäre, nirgends in den älteren deutschen Gesetzen und im
modernen Reichsrechte von einer solchen höchst persönlichen Natur die Rede ist

19) Vgl. Kohler in Iherings Jahrb 23 S. 162 ff.; Stobbe, Pr. R. § 158.
der im Ausdruck freilich abweicht.

die Möglichkeit von Eigenthum an unkörperlichen Sachen[20]) anerkannt und für das Besitzrecht werden auch im modernen Recht unkörperliche Sachen, wie Herrschaftsrechte, den körperlichen Sachen vollkommen gleichgestellt. Es ist ein erster Konstruktionsgrundsatz, dass Gleichheit des Rechtes da angenommen werden muss, wo sich zwei Rechte den dadurch gebundenen Personen gegenüber in gleicher Weise äussern, und dabei gar keine Rücksicht auf das Rechtsobjekt genommen werden darf[21]). Dass das Eigenthum und Urheberrecht nur parallelisirt werden darf, beruht vielmehr eben gerade in ihrer verschiedenen Wirkung gegen die verpflichteten Personen: beide Rechte bewirken eine Bindung aller dritten Personen und sind also absolute Rechte; beide Rechte stellen sich nicht dar als absolutes Recht auf eine Gebrauchsseite der Sache, deren übrige Gebrauchsseiten einem anderen zustehen und unterscheiden sich dadurch von den absoluten Rechten an fremder Sache. Allein das Eigenthum stellt prinzipiell alle Gebrauchsseiten der Sache in den ausschliesslichen Gebrauch des Eigenthümers, was natürlich nicht hindert, dass einzelne namentlich aufgezählte Gebrauchsseiten durch Vertrag oder Gesetz dem Gebrauch eines oder aller Dritten[22]) unterstellt werden: für die Zuständigkeit des Eigenthümers spricht die Präsumtion. Das Urheberrecht dagegen setzt sich zusammen aus einigen je nach dem Gegenstande wechselnden, ausdrücklich aufgezählten absoluten Ge-

---

20) Man denke an die ziemlich zahlreichen Fälle im 10. und 11. Jahrhundert, wo ein comitatus als proprium gegeben wird.

21) Darauf, dass in einer gewissen Periode der Gegenstand noch unbekannt oder nicht als Rechtsobjekt bekannt war (im römischen Rechte scheint Rechtsobjekt das greifbare Manuskript, nicht das ungreifbare Werk: Kohler A.-R. S. 448—473), kommt es natürlich nicht an.

22) Oeffentliches Gebrauchsrecht an Privatsachen

brauchsrechten des Urhebers: hier spricht die Präsumtion für
die Freiheit des Gebrauches [23]. —

Daraus ergiebt sich weiter die Möglichkeit, das Urheberrecht in eine Anzahl einzelner Rechte zu spalten, die bei dem
Eigenthume ausgeschlossen ist. Das Miteigenthum lässt sich
nur denken als ausschliessliches Gebrauchsrecht an der ganzen
Sache, das sich allerdings mit dem ausschliesslichen Gebrauchsrechte eines anderen an der ganzen Sache vertragen muss: den
Maasstab bildet die Quote. Es ist möglich, dass jeder der
Miteigenthümer seine Quote ohne Zustimmung der anderen Miteigenthümer veräussern darf — so nach dem römischen Condominium — es ist möglich, dass der Eintritt eines neuen Miteigen-
thümers nur mit Zustimmung der bisherigen Miteigenthümer stattfinden darf, so nach dem deutschen Institut der Gesammthand
— allein hier wie dort gilt der Grundsatz, dass ein Recht an
allen Gebrauchsseiten der Sache wenn auch antheilweise [24])
besteht: undenkbar ist ein Miteigenthum in der Weise, dass
dem einen diese Gebrauchsseiten, dem andern jene Gebrauchsseiten der Sache zustehen: denn all die Gebrauchsbefugnisse
des Eigenthümers aufzuzählen, ist eben prinzipiell unmöglich;
derjenige, dem nur benannte Gebrauchsbefugnisse zustehen,
kann allemal bloss ein ius in re aliena haben. Besonders inten-
siv ist der Gedanke im deutschen Rechte durchgeführt, wo
ursprünglich schon die Theilung des thatsächlichen Gebrauches
einer Sache in Gesammthand zum Bruche der Gesammthand,
zur rechtlichen Auflösung der Kommunion führte. — Anders

---

[23]) Im römischen Rechte bildet das Recht an dem bebauten Meeresstrande
ein annäherndes Analogon; vgl. Brinz, Pandekten § 125 N. 16.

[24]) Dass auch bei Gesammthand Quoten angenommen werden müssen,
darüber (gegen Stobbe) Heusler, Institutionen des deutschen Privatrechtes I
S. 238 ff.

ist es im Urheberrechte, das aus einem Komplex namentlich aufgezählter Rechte besteht [25]): allerdings k a n n auch hier ein dem Condominium ähnliches Rechtsverhältniss entstehen; es kann sich das Recht der mehreren Berechtigten auf alle rechtlich geschützten Gebrauchsseiten beziehen: so bei der Miturheberschaft. Die Konstruktion dieser Mitberechtigung verdankt man vor allem K o h l e r. Daneben findet sich aber eine eigenthümliche Theilberechtigung, die auf keine Kommunion zurückgeht und doch auch nicht ius in re aliena ist. Dieselbe tritt zunächst allemal da ein, wo nicht das ganze Urheberrecht veräussert wird, sondern nur eines der absoluten Gebrauchsrechte, aus denen sich das Urheberrecht zusammensetzt; weiter da, wo ein solches ausschliessliches Gebrauchsrecht nur für bestimmte Orte und für beschränkte Zeit veräussert wird. Der Urheber eines Bühnenstückes oder seine Erben behalten z. B. das Recht der ausschliesslichen mechanischen Vervielfältigung, das Recht der ausschliesslichen Aufführung veräussern sie dagegen an einen Theateragenten. Oder sie veräussern das Recht der ausschliesslichen Aufführung für eine bestimmte Stadt direkt an einen Theaterunternehmer, behalten es aber für das ganze übrige deutsche Rechtsgebiet bei. In diesen Fällen, die sich ohne Mühe verschiedenartig variiren lassen, hat nun der eine das eine, der andere das andere ausschliessliche Gebrauchsrecht, oder mehrere haben dasselbe ausschliessliche Gebrauchsrecht, aber für verschiedene Orte oder verschiedene Zeit. Jeder hat zum Schutze seines Rechtes eine dingliche Klage. Keines dieser Theilrechte ist in seiner Existenz von dem anderen abhängig: wenn z. B. der Inhaber des Aufführungsrechtes ohne Erben verstirbt, so geht das Aufführungsrecht nicht an den Inhaber des Vervielfältigungs-

---

25) Kohler, Iherings Jahrb. 23 S. 377 ff.

rechtes zurück; ob dieser Inhaber zufällig noch der Urheber ist oder
irgend eine dritte Person, ist ganz gleichgültig. Da andererseits ein Heimfall an den Fiskus nicht stattfindet [26]), so wird
das Aufführungsrecht überhaupt frei. Das Gleiche ist da, wo
lediglich das ausschliessliche Aufführungsrecht für einen bestimmten Ort an einen erblosen Unternehmer übertragen ist,
für die Aufführung des Stückes an diesem Orte [27]) anzunehmen.
Es wäre ja absolut unmöglich zu sagen, welches Gebrauchsrecht das Schicksal des anderen Gebrauchsrechtes bestimmen
sollte, oder welcher Theil eines Gebrauchsrechtes das Schicksal
des anderen Theiles. So ist das Urheberrecht nur eine vollkommen rationale Summe ausschliesslicher Gebrauchsrechte,
die selbst wieder ohne Rest nach Zeit und Ort zerlegt werden
können. Jeder, der ein solches Gebrauchsrecht erwirbt, ist für
dieses Gebrauchsrecht Rechtsnachfolger. — Die Voraussetzung
ist aber allerdings, dass ein ausschliessliches Gebrauchsrecht
übergeht. Kein Rechtsnachfolger ist der Inhaber einer blossen
Lizenz (Permissar): d. h. derjenige, der lediglich die Erlaubniss
zum Gebrauche des Werkes hat, ohne andere von dem
gleichen Gebrauch ausschliessen zu können; hier speziell der
Theaterunternehmer, der die Befugniss hat, ein Drama oder
eine Oper aufzuführen, ohne einem Dritten die Aufführung des
gleichen Stückes am selben Orte verbieten zu können [28]).

III. Im Bisherigen ist festgestellt worden, dass der Theaterunternehmer, welcher ein ausschliessliches Aufführungsrecht
auch nur für einen bestimmten Ort oder bestimmte Zeit erworben

---

[26]) § 17 Ges. v. 11. Juni 1870; § 15 Ges. v. 16. Januar 1876.

[27]) Vgl. Klostermann U.-R. S. 161 unt.

[28]) Zu Ende (unter VI) wird sich allerdings zeigen, dass in unserer Rechtsfrage Abtretung des Rechtes und Lizenzirung sich gleichstellen.

hat, als Rechtsnachfolger des Urhebers angesehen ist. Es kann in Folge dessen im Folgenden dahingestellt bleiben, ob der Theaterunternehmer das Urheberrecht im Ganzen oder nur zum Theil erworben hat. Ich wiederhole nun die Frage, ob dem Erwerber des Autorrechtes, der es es ohne zeitliche Beschränkung erworben, die erweiterte Schutzfrist gegen Aufführung nicht von selbst zufällt, ohne dass beim Vertrage irgendwie an eine Fristerweiterung gedacht wurde. In zwei Urtheilen des Reichsoberhandelsgerichtes [29]) wird darauf hingewiesen, dass dem Erwerber die Fristerweiterung ebenso zu gute kommen müsse, wie ihn die Nachtheile aus einer Aenderung des Gesetzes treffen. Man ist in der Litteratur über diese Behauptung in der Regel sehr kurz hinweggegangen [30]) und doch ist der in ihr angedeutete Gesichtspunkt vor anderen behilflich, die Frage zur Entscheidung zu bringen. Wenn man ganz streng von jeder Berufung auf den Vertragswillen absieht, so arbeiten die Gegner der reichsrichterlichen Praxis mehr oder minder mit dem Gedanken, es sei unbillig, ein Recht zu erwerben, für das man kein Aequivalent geleistet hat. Es ist dies allerdings zunächst nur ein Gesichtspunkt der Billigkeit, welcher aber da nicht ohne Bedeutung ist, wo es, wie in unserer Rechtsfrage, angeblich an einer ausdrücklichen gesetzlichen Bestimmung fehlt. Stellt man sich aber einmal auf den Billigkeitsstandpunkt, dann muss man allerdings auch sagen: es ist unbillig, wenn der Veräusserer ein Aequivalent geniesst für ein Gut, welches der Erwerber ohne seine Schuld nicht seinem vollen Umfange nach geniessen kann. Bekanntlich weicht nun das positive Recht von diesem letzten Billigkeitsgesichtspunkte ab, ich erinnere nur an den Uebergang der Gefahr beim Kaufe. Allein man muss dann

---

29) XII S. 343, XV S. 195 unt.

30) v. Hillern S. 49, 50; Keuling S. 134.

wieder ex aequo et bono annehmen, dass die Abweichung sich nicht bloss auf den letzten Billigkeitsgrundsatz bezieht, sondern auch auf den ersten, d. h. von dem Zeitpunkte ab, wo das positive Recht Gegenleistung ohne Leistung verlangt, müssen aus Billigkeit — so lange das positive Recht nicht etwas anderes bestimmt — auch Leistungen ohne Gegenleistungen vorkommen können. Es ist gerade so, als wie man den einen Hebelarm nicht bewegen kann, ohne den anderen zu bewegen. Zunächst kommt also in Anschlag, ob und wie weit der Erwerber die nachtheiligen Folgen einer Rechtsänderung zu tragen hat[31]). Dabei müssen zweierlei Arten von Rechtsänderung unterschieden werden: Rechtsänderungen, die durch eine Regierungshandlung erfolgen auf Grund der bestehenden Rechtsordnung und Rechtsänderungen, die erfolgen durch Eintreten einer neuen Rechtsordnung. Oder wie man dies auch noch ausdrücken kann: Rechtsänderungen, zu denen die gegenwärtige Rechtsordnung wenigstens die Ermächtigung giebt und Rechtsänderungen, die sich erst durch eine zukünftige Rechtsordnung vollziehen. Das römische Recht erwähnt nur einen juristischen Casus der ersteren Art: für diesen aber ergiebt sich aus der berühmten l. 33 locati conducti (Africanus) mit voller Sicherheit der Satz, dass bei Kauf der juristische Kasus von dem Momente der Tradition ab vom Käufer getragen werden muss[32]); warum bis zu diesem Momente der Käufer die Gefahr nicht trägt, bleibt hier ausser Frage. Dass er sie vom Momente der Uebergabe trägt, erklärt sich nun nicht dadurch, dass es an einer Klage fehlt, mit der er die Erstattung des Preises verlangen könnte, für den Fall ihm die Sache durch eine Rechtsänderung entzogen wird. Eine Klage

---

[31]) Vgl. hierher die vortreffliche Abhandlung von Gustav Hartmann: Juristischer Kasus und seine Praestation in Iherings Jahrb., Bd. 22, S. 417 ff.

[32]) -- priusquam vacuus traderetur - .

ist an sich gegeben und zwar ist sie nach l. 33 locati Kontraktsklage. Der Zusammenhang in l. 33 cit. scheint folgen-
der: Regelmässig hat der Käufer, falls die Sache untergeht,
gar keine Klage. Der Conductor operis trägt die Gefahr, un-
entgeltlich arbeiten zu müssen bis zur approbationsmässigen
Ablieferung der Sache, vorausgesetzt, dass aversione kontrahirt
ist [33]. Die Haftung des locator rei wird allgemein dahin
beschrieben, er sei verpflichtet, frui licere praestare; wird
dieses frui licere dem conductor kasuell unmöglich gemacht,
so haftet der locator dem conductor nicht wegen Nichterfüllung [31]. Von diesen Grundsätzen bestehen aber Ausnahmen
und diese Ausnahmen will Africanus l. 33 übersichtlich zu-
sammenstellen: Das nächstliegende ist, dass bei Untergang der
vermietheten Sache die für den Rest der Miethzeit bereits ge-
zahlte merces dem Miether zurückgewährt wird. Die Klage
hierauf ist die Kontraktsklage und nicht, wie anderwärts
scharf hervorgehoben wird [35], die condictio indebiti. Immerhin ergiebt sich gerade aus der ausführlichen Besprechung der
Frage, dass die Anwendung der Kontraktsklage in diesem
Fall nicht als etwas selbstverständliches, sondern eher als etwas
auffallendes angesehen wird [36]. Daran schliesst sich dann das
Beispiel aus der locatio conductio operis an, wo bei „vis naturalis"[37] abweichend von gewöhnlichen Grundsätzen über Ge-
fahrtragung der conductor rei einen Anspruch auf Vergütung

---

33) l. 36 locati conducti.

31) l. 23 R. Jur. trotz l. 15 § 2 locati.

35) l. 19 § 6 h. t.

36) Wohl, weil man sich die Verpflichtung regelmässig auf frui licere
praestare gerichtet dachte.

37) l. 57 h. t.

seiner bis dahin geleisteten Arbeit hat[38]). Endlich folgt der
dritte für uns gerade wichtige Satz, dass eine Rechtsveränderung
im Gegensatze zu sonstigem Casus bis zur Tradition nicht vom
Käufer zu tragen ist, sondern der Käufer einen kontraktlichen
Anspruch auf Rückerstattung des Kaufpreises hat. So könnte
man das Thema der l. 33 betiteln: Fälle, in denen die Kontraktsklage zulässig ist in Abweichung von den allgemeinen
Grundsätzen über Tragung des Casus. — Worauf es hier ankommt, ist, dass die Klage auf Zurückgewährung des geleisteten
Entgelts bei Rechtsveränderungen die Kontraktsklage ist[39]).

Dass die Klage vom Moment der Tradition ausgeschlossen
ist, lässt sich dann nur daraus erklären, dass durch die Tradition
das Rechtsgeschäft abgeschlossen ist: eine Beendigung der
Haftung des Verkäufers für spätere rechtliche Zufälligkeiten
muss eben aus praktischem Grunde doch irgend einmal eintreten:
der Zeitpunkt könnte durch das positive Recht an und für sich
beliebig gewählt werden. Das gemeine Recht wählt aus sehr
guten Gründen das Moment der Tradition. — Was nun das
römische Recht zunächst für den Fall der Rechtsänderung
durch Regierungsakt bestimmt, gilt auch für. den Fall der

[38]) So ist wohl mit Brinz, Pand. II S. 768, Hartmann a. a. O. S. 130,
l. 33 cit. u. l. 59 cit. zu interpretiren; a. M. Mommsen, Beiträge zum Obli-
gationenr. I S. 378—381, III S. 427. Was der Grund dieser Abweichung ist
und ob sie überhaupt für im corpus juris aufgenommen anzusehen ist (wie ich
allerdings glaube), ist eine andere Frage, die hier nicht weiter berührt.

[39]) Auf sie wäre Dambach die Gesetzgebung des norddeutschen Bundes,
betr. Urheberrecht S. 259 N. 1, zu verweisen, wenn er fragt, welche Klage der
Verleger gegen den Autor in Folge der Verkürzungen durch das Reichsgesetz
vom 11. Juni 1870 habe. Nicht, weil in einem solchen Falle eine Klage an
und für sich nicht existirte, kann sie nicht angestellt werden, sondern weil sie
durch ein im Texte alsbald zu erwähnendes an und für sich fremdes Moment
ausgeschlossen ist.

Rechtsänderung durch Gesetzgebung. Abgesehen von dem allgemeinen Gesichtspunkte, dass eine verschiedene Behandlung der beiden Fälle sich innerlich nicht begründen lässt, ist uns ausschlaggebend, dass das römische Recht selbst in einer später genauer zu erörternden Stelle (l. 137 § 6 V. O.) Rechtsänderungen durch Gesetzgebung und Regierungsakt gleichmässig zusammenfasste unter der Bezeichnung: ius mutari.

Die Bestimmungen des gemeinen Rechts müssen im Gebiete des gemeinen Rechtes nun auch angewendet werden auf die modernen Rechtsgüter der Geisteserzeugnisse: hier kann aber nach positivem Recht nicht wie bei Veräusserung körperlicher Sachen unterschieden werden zwischen obligatorisch wirkendem Veräusserungsvertrag und dinglich wirkender Tradition, sondern der Veräusserungsvertrag wirkt unmittelbar dinglich. Das ausschliessliche Urheberrecht oder die dasselbe zusammensetzenden ausschliesslichen Theilrechte gehen unmittelbar mit dem Veräusserungsvertrag über. Dieser Augenblick des Rechtserwerbs entspricht also für die vorliegende Frage vollkommen dem der Tradition [10]. So komme ich denn für das Gebiet des gemeinen Rechtes zu dem Satz, dass Rechtsverkürzungen des Autorrechtes nach erfolgtem Veräusserungsvertrag nur den Erwerber treffen können [11]. Aus Billigkeitsgründen müssen ihm dann auch die Rechtserweiterungen zufallen. Man wende nicht ein, dass die Rechtsverkürzungen des Reichsgesetzes unbedeutend waren gegenüber den Rechtserweiterungen: einmal ist ein solcher rein quantitativer Unterschied juristisch bedeutungslos. Dann aber kommt es gar nicht bloss auf das Reichsgesetz von 1870, sondern

---

[10] Vgl. einen anklingenden Fall bei Hartmann a. a. O. S. 486.

[11] Dass solche Rechtsverkürzungen wirklich auch durch das Gesetz vom 11. Juni 1870 vorgenommen würden, darüber Dambach a. a. O. S. 258, 259.

auf die ganze zukünftige Gesetzgebung an: und da ist es gar nicht ausgeschlossen, dass gerade für Theateraufführungen die Schutz-frist wieder verkürzt und dadurch der gegenwärtig ganz unver-hältnissmässigen Honorirung der Zugstücke, d. h. gerade der werth-losen Stücke eine Grenze gesetzt wird. Es ist gar nicht aus-geschlossen, dass einmal im Interesse einer gesunderen Geistes-nahrung des Volkes der Schriftsteller wieder unabhängiger von den Neigungen des grossen Haufens gestellt wird: die dramatische Litteratur, die in Deutschland erwuchs, gerade seitdem der ausgedehntere Schutz des dramatischen Autors eingeführt wor-den ist, ist durchaus nicht darnach angethan, diesen Schutz als einen besonderen Segen erscheinen zu lassen [12]. Es sind das subjektive Ansichten, die ich juristisch nicht verwerthen möchte; aber sie sind nicht subjektiver, als die gegentheilige Meinung, die eine wesentliche Verkürzung der Schutzfrist für undenkbar hält. Juristisch wird eben der richtige Standpunkt der sein, eine Veränderung des Schutzes zu Gunsten des Autors und seiner Rechtsnachfolger ebenso für möglich zu halten, wie zu deren Ungunsten. Die grössere oder geringere Wahrscheinlich-keit der beiden Chancen abzuwägen, ist der Jurist nicht in der Lage, und auch für den Politiker wird das Resultat auseinander-gehen je nach der Parteistellung. — So verbleibt der Satz, dass aus Billigkeitsgründen dem Erwerber des Autorrechtes ebenso die Fristerweiterung zukommt, wie er sich eine Fristverengerung nach positivem Rechte gefallen lassen muss. Freilich ist er zunächst nur eine Forderung der Billigkeit.

IV. Die Annahme, dass die Fristverlängerung dem Theater-unternehmer zu Gute kommt, wird dadurch verstärkt, dass sich gerade im modernen Recht mannigfache gesetzliche Erweiter-

---

[12] Im Gegensatze zu Kohler (a a. O. S. 223) halte ich Macaulay's Aus-führungen in dieser Richtung für sehr beachtenswerth.

ungen des Rechtes finden, die stets an den gegenwärtig Berechtigten fallen, nicht an den Autor, ohne irgend ein Recht
des Autors auf Vergütung. Wenn z. B. in Folge einer Entfestigung
eine grosse Anzahl von Eigenthumsbeschränkungen wegfallen,
die bisher auf Grund des Rayongesetzes bestanden haben und
dadurch der Werth eines Grundstückes enorm steigt, so fällt
es Niemanden ein, dem Autor des gegenwärtigen Besitzers
einen Anspruch auf Erstattung des Mehrwerthes zu geben.
Ebensowenig ist dies bei der Ablösungsgesetzgebung der Fall
gewesen: hier sind eine grosse Anzahl von Dienstbarkeiten und
Reallasten lediglich zu Gunsten der gegenwärtig Berechtigten
beseitigt worden: vom Standpunkte der formalen Jurisprudenz
ist dies ja ganz selbstverständlich, denn wem anders soll der
Wegfall einer Eigenthumsbeschränkung zu Gute kommen, als
dem gegenwärtigen Eigenthümer. Aber die Gegner des Reichsoberhandelsgerichtes theilen ja den formalen Standpunkt nicht,
sondern heben die Unbilligkeit hervor, dass Jemandem eine Erweiterung des Rechtes zu Theil werde, der dem früheren Inhaber kein Aequivalent geleistet.

V. Allein über diese Billigkeitserwägungen und Analogien
hinaus bietet bei genauem Zusehen die Auslegung des Gesetzes
selbst eine Lösung [43]) und eine solche ist allen anderen natür-

43) Beiläufig mögen zwei Wege berührt werden, die sich bei genauerem
Zusehen als ungängig erweisen. Der eine ist von Kohler (_Neue Zeit" 1879
Nr. 44) angedeutet. Kohler bezeichnet unsere Rechtsfrage als eine Frage nach
der Identität der Rechte: giebt also zu, dass mit einem Rechte gewisse Veränderungen vorgehen können, ohne dass es dadurch anderen rechtlichen Schick-
salen unterworfen würde als bisher; zeitlich begrenzte Rechte jedoch würden
durch die Fristerstreckung neue Rechte. Was nun an positiven Belegen aus rö-
mischem Rechte beigebracht wird, ist wohl nicht durchschlagend. Dass die
Cession des Miethvertrages sich nicht auf die durch tacitus consensus erneuerte
Miethe bezieht, giebt noch gar keine Aufklärung für den Fall, wo die Frist-

lich bei weitem vorzuziehen. Dieselbe geht von § 57 und § 58 des Gesetzes vom 11. Juni 1870 aus[44]).

1. § 57 bestimmt, dass die Vorschriften des Landesrechtes vom 1. Januar 1871 ab ausser Kraft treten. Die Bestimmung lässt zwei Deutungen zu: entweder will damit ganz allgemein der allbekannte Rechtssatz wiederholt werden, dass das Landesrecht dem Reichsrechte weicht; es ist dies eine an sich unnöthige, jedoch in der Reichsgesetzgebung vorkommende Wiederholung[45]). Oder es will damit gesagt sein, dass

- - -

erweiterung nicht durch die Parteien, sondern den Gesetzgeber oder die Obrigkeit herbeigeführt ist Dass der Ususfruktus mit seiner zeitlichen Begrenzung eingeklagt werden muss, ist doch wohl eine ganz natürliche Folge aus den Sätzen über plus petitio. Abgesehen aber von diesen positiven Belegen verbleibt es eben doch bei der blossen Behauptung; dass Rechte verändert werden können, ohne ihre Identität zu verlieren, ist sicher; wie weit diese Veränderungsfähigkeit geht, lässt sich von vorneherein nicht sagen; was namentlich das Autorrecht angeht, so ist seine zeitliche Begrenzung nicht logisch nothwendig und historisch allgemein gültig (vgl. Reuling a. a. O. S. 96—101): darum ist zweifelhaft, ob Veränderungen in der zeitlichen Begrenzung das Wesen des Rechtes berühren. Ohne gesetzlichen Anhalt wird sich die Frage nicht lösen lassen und ein solcher Anhalt fehlt naturgemäss überall. — Ein anderer Lösungsversuch könnte das Urheberrecht als solches für ein einheitliches Recht ansehen, dessen einen Theil das Aufführungsrecht in ähnlicher — nicht gleicher — Weise bilden würde, wie das Recht, die Früchte der Sache zu gebrauchen, einen Theil des Eigenthums bildet. Wie nun trotz Veränderungen am Gebrauchsrechte des Eigenthümers das Eigenthum dasselbe bleibt, so trotz Veränderungen am Aufführungsrechte das Urheberrecht. Allein diese Lösung könnte nur für den Fall helfen, dass der Theaterunternehmer das ganze Urheberrecht abgetreten erhalten hat, was wenigstens in den Theaterprozessen nie der Fall war. Weiter widerspricht sie der Natur des Urheberrechtes, das nach früherem nur eine Kollektivbezeichnung für eine Anzahl selbstständiger absoluter Gebrauchsrechte ist.

44) Vgl. Thöl S. 9 - 21, der freilich zu ganz anderen Resultaten kommt.

45) Vgl. z. B. Einführungsges. zur C.-P.-O. § 14.

vom 1. Januar 1871 ab kein Rechtsverhältniss mehr sich nach den landesgesetzlichen Bestimmungen richtet. Ist die letztere Deutung richtig, was zunächst dahingestellt bleiben mag, so kommt man zu einem ganz eigenthümlichen Resultate für das Gebiet des gemeinen Rechtes: die Verträge, soweit sie das landesgesetzliche Urheberrecht betreffen, sind natürlich wirkungslos geworden; über das reichsrechtliche Urheberrecht konnte aber vor dem 1. Januar 1871 nicht kontrahirt werden, weil es sich um objektiv zukünftiges Recht handelt[16]. So wären alle vor 1871 geschlossenen Verlagsverträge hinfällig, das Autorrecht würde an den Autor zurückfallen, wenn nicht das Gesetz ausdrücklich die Verträge vor 1871 als geschlossen unter der Herrschaft des Reichsrechtes bezeichnet.

---

[16] So nach l. 137 § 6 V.O. Ich benütze dabei die Argumentation von Thöl, drehe sie aber um. l. 137 § 6 sagt: eine Stipulation geschlossen unter der Bedingung, dass Titius eine res sacra oder publicis usibus relicta verkaufe, sei ungültig. Nec ad rem pertinet, quod ius mutari potest et id quod nunc impossibile est, postea possibile fieri; non enim secundum futuri temporis ius, sed secundum praesentis aestimati debet stipulatio. Man wird in der That mit Thöl (vgl. l. 83 § 5 V. O. und hiezu Hartmann die Obligation 1875 S. 189) aus der Stelle mindestens so viel herauslesen dürfen, dass Verträge über Recht, die erst auf einer zukünftigen Aenderung des objektiven Rechtes beruhen, dann ungiltig sind, wenn diese Rechtsänderung von den Kontrahenten nicht ausdrücklich in das Auge gefasst ist. Vielleicht darf man noch weitergehen und die Ungiltigkeit behaupten auch für den Fall, dass die Rechtsänderung von den Kontrahenten in das Auge gefasst ist; der Grund der Bestimmung wäre dann wohl der, dass Spekulationen auf eine Gesetzesänderung unsittlich sind, ein Gedanke, der gerade auch manchen modernen Gesetzen zu Grunde liegt: so den Zollsperrgesetzen, der Bestimmung, dass bei Entschädigung wegen Expropriation nur der gegenwärtige Sachwerth zu Grunde gelegt werden soll. — Die beschränktere Auslegung Thöl's würde sich aus Gesichtspunkten der Vertragsinterpretation erklären: der Fall einer Rechtsänderung ist ein so unwahrscheinlicher, dass die Kontrahenten nur dann an denselben gedacht haben werden, wenn sie dies ausdrücklich sagen. Wiewohl ich persönlich die weitere Auslegung für richtig halte, so genügt hier die engere Auffassung Thöl's: es wird nicht einen Verlagsvertrag vor 1871 geben, der den Fall einer Rechtsänderung in Erwägung gezogen hatte.

2. Dass nun die zweite Deutung von § 57 die richtige ist, ergiebt sich aus § 58. Nach Thöl will § 58 nur sagen, dass ältere Werke trotz des neuen Gesetzes nicht schutzlos werden, dass der Schutz des Reichsgesetzes auf ältere Werke sich erstreckt, aber jedenfalls erst nach dem 31. Dez. 1870, vielleicht erst nach dem vollen Ablauf der landesgesetzlichen Schutzfrist. Thöl bezeichnet nun eine solche Bestimmung als eine selbstverständliche, unnöthige, die sich ohnedies aus anderen Bestimmungen des Gesetzes ergeben würde und es ist ihm darin zuzustimmen. Aber gerade deswegen spricht gegen seine Auslegung die Vermuthung: es ist allerdings nicht ausgeschlossen, dass ein Gesetzgeber eine unnöthige Wiederholung macht, aber im Zweifel muss jeder seiner Aufstellungen eine selbstständige, eigenthümliche Bedeutung zu Grunde gelegt werden. Wenn man aber den Wortlaut von § 58 betrachtet, so ergiebt sich ohnediess, dass Thöls Auslegung demselben nicht gerecht wird. Das Gesetz sagt nicht: der Schutz des Reichsgesetzes erstreckt sich vom 1. Januar 1871 ab auf alle vor dem Inkrafttreten desselben erschienenen Schriftwerke etc.; sondern „das gegenwärtige Gesetz findet Anwendung". Nach dem Wortlaute des Gesetzes kommt demselben rückwirkende Kraft zu. Dass an dieser Interpretation festzuhalten ist, zeigt sich in der Entstehungsgeschichte des § 58. Derselbe ist nach den Motiven und einer Aeusserung des Redaktors des Gesetzes [47]) dem § 69 des bayerischen Gesetzes vom 28./6. 1865 nachgebildet. In letzterem ist nun die rückwirkende Kraft besonders klar beschrieben. Nach a. 69, Absatz 5 [48]) kommt das Gesetz

---

[47]) Motive der Regierungsvorl. S. 52; Dambach Comment. S. 257.

[48]) Vgl. den Commentar von Mandry S. 431 ff. (Dollmann Gesetzgebung Bayerns I. Th. Bd. 5).

von 1865 auch auf die vor dem 1. Juli 1865 veröffentlichten Werke zur Anwendung: daraus zieht der Gesetzgeber die Konsequenz, — unsere Auslegung bestätigend — dass an und für sich alle Vervielfältigungen und Nachbildungen, die vor dem Inkrafttreten des Gesetzes erfolgten, widerrechtlich sein würden, wenn sie diesem Gesetze widersprechen: m. a. W., die gesetzliche Fiktion ist, um mit Thöl[49]) zu reden, die, dass das Gesetz schon bei dem Erscheinen der betreffenden Werke in Kraft war. Das Gesetz schliesst nun aber die immerhin bedenkliche — wenn auch ganz und gar nicht widersinnige[50]) — Konsequenz dadurch aus, dass es bestimmt: Vervielfältigungen und Nachbildungen, welche vor dem 1. Juli 1865 vorgenommen wurden, sind nach dem Gesetze vom 15. April 1840 zu beurtheilen. Die Meinung ist hier offenbar: die Rechtlichkeit oder Widerrechtlichkeit früherer Vervielfältigungen bestimmt sich nach älterem Recht. Ausserdem ist auch die Verbreitung der unter der Herrschaft des älteren Rechtes hergestellten Exemplare für die Zeit nach dem 1. Juli 1865 unter gewissen Kautelen gestattet. — § 58 des Reichsgesetzes ist nun zum guten Theile wörtlich dem a. 69 des bayerischen Gesetzes nachgeformt. Lediglich die Bestimmung des bayerischen Rechtes über die Beurtheilung von Vervielfältigungen, die vor Inkrafttreten des Gesetzes erfolgt sind, ist nicht wiederholt[51]). Der Grund ist aber

---

49) a. a. O. S. 17—19.

50) Eine Verfolgung wegen vorsätzlicher oder fahrlässiger Verletzung des Autorrechtes ist natürlich ohnedies unmöglich; eine Klage auf Herausgabe der Bereicherung (a. 37. Abs. des bayer. Ges.) ist dagegen gar nicht unsinnig, nachdem gerade durch die spätere Gesetzgebung die Bereicherung als eine grundlose sich herausstellt. Ueberdies regulirt sich die Frage durch die Kürze der Verjährungsfrist (a. 63).

51) Vgl. Endemann, Commentar 1871, S. 87—92.

ein ganz deutlicher: ausdrücklich gestattet ist nach Inkrafttreten des Reichsgesetzes die Weiterverbreitung von Exemplaren, die auf Grund der bisherigen Gesetzgebung berechtigt hergestellt waren. Daraus ergiebt sich als ganz selbstverständlich, dass die vor dem Inkrafttreten des Reichsgesetzes erfolgte Verbreitung auch für das Reichsrecht keine widerrechtliche ist und dass in Folge dessen nicht einmal eine Bereicherungsklage angestellt werden kann. Die betreffende Bestimmung des bayerischen Rechtes ist eben als überflüssig weggelassen worden [52]). — So legt § 58 dem Gesetze in der Weise rückwirkende Kraft bei, als ob das Reichsgesetz beim Erscheinen des Werkes schon in Kraft gewesen wäre [53]). Dann muss aber auch § 57 dahin gedeutet werden, dass seit dem 1. Januar 1871 das Landesrecht überhaupt in keiner Beziehung mehr für die Beurtheilung des Urheberrechtes in Betracht kommt, abgesehen von der Frage nach der Widerrechtlichkeit oder Rechtlichkeit früherer Vervielfältigungen. Dazu kommt man freilich auch schon direkt durch Auslegung des § 58: für die vor 1871 geschaffenen Werke war das Reichsgesetz schon zur Zeit ihrer Schöpfung in Kraft. Darum müssen die Verträge, die früher über Urheberrecht geschlossen wurden, geschlossen sein über das Urheberrecht aus dem Reichsgesetze. Wenn das Urheberrecht oder ein Theil für die ganze Dauer der Schutzfrist abgetreten wurde, ist es kraft des Gesetzes abgetreten für die Schutzfrist des Reichsrechtes. Wenn am 1. Januar 1871 das Werk schutzlos war und nunmehr der Erbe lebt, so erlangt dieser ein Urheberrecht jedenfalls nicht aus eigenem Rechte,

---

[52]) Damit erledigen sich die Bedenken von Thöl S. 18. Endemann S. 88.

[53]) Die umgekehrte Fiktion, mit der die Reichsgerichte einigemal operirten, dass das vor 1. Jan. 1871 erschienene Werk erst nachher erschienen sei (Thöl S. 13—17), ist allerdings falsch.

sondern als Successor seines Erblassers, denn schon der Autor hatte Urheberrecht und dieses Urheberrecht ist vor 1. Januar 1871 auf den Erben übergegangen[54].

VI. Im Einzelnen sind die Rechtsfragen der Theaterprozesse folgendermassen zu behandeln: 1. Insoweit über Urheberrecht ohne zeitliche Beschränkung kontrahirt wurde, ist kontrahirt über das Urheberrecht bzw. seine Theile für die volle reichsrechtliche Frist. Die reichsgesetzliche Fristerweiterung kommt demnach dem Theaternehmer zu Gute, wenn das Werk überhaupt bei seinem Entstehen einem Autorschutz unterlag, mag derselbe am 1. Jan. 1871 noch bestanden haben oder nicht. — Anders ist es, wenn das Werk zur Zeit des Kontraktes zwischen Dichter und Unternehmer landesgesetzlich ungeschützt war[55]. Hier muss das Verhältniss folgendermassen konstruirt werden; das Werk war seit seiner Schöpfung, also auch zur Zeit des Rechtsgeschäftes zwischen Theaterunternehmer und Dichter geschützt. Die Kontrahenten aber betrachten es als nicht geschützt; trotzdem gewährt der Unternehmer ein Honorar. Von einer Kontrahirung über das Recht kann nun keine Rede sein, eben weil keine der beiden Parteien vom Recht wusste. So schliesst die Honorirung lediglich die Widerrechtlichkeit der bisher erfolgten Ausführungen aus, die aber im vorliegenden Falle ohnediess auch schon aus einem anderen Grunde wegfällt. Im Uebrigen ist sie Schenkung. Wenn also für ein nicht geschütztes Werk Honorar gewährt wurde, so steht das

---

54) Als praktisch gleichgiltig will ich es ununtersucht sein lassen, ob ohne Annahme der Fiktion der Erbe in diesem Fall wirklich „eigene" Recht hätte: so Thöl S. 23 ff.

55) Der Fall in Entsch. d. R.-O.-H.-G. X S. 113 ff.

Urheberrecht dem Autor oder seinen Erben zu[56]). 2. Es ist
für die Frage, wem die Fristerweiterung zugute kommt, kein
Unterschied zwischen Uebertragung des ausschliesslichen Urheberrechtes und Lizenzirung zu machen. Auch die Lizenzirung
ohne zeitliche Beschränkung bezieht sich auf die gesammte
Dauer der Schutzfrist und die Dauer der Schutzfrist bestimmt
sich eben gemäss § 58 nach dem Reichsgesetz. 3. Vollkommen
gleichgiltig ist es, ob der Unternehmer das Acquivalent in
Form eines einseitigen Honorars oder einer Tantième leistet.

[56) Insofern weiche ich von der Ansicht des Reichsoberhandelsgerichtes ab.

.